시시콜콜 탐험의 역사

시시콜콜 탐험의 역사
세계사를 바꾼 탐험가들

초판 1쇄 | 2023년 3월 15일

지은이 | 김결
편 집 | 박일구
디자인 | 김남영
펴낸곳 | 써네스트
펴낸이 | 강완구
출판등록 | 2005년 7월 13일 제 2017-000293호
주 소 | 서울시 마포구 망원로 94, 2층 203호
전 화 | 02-332-9384 팩 스 | 0303-0006-9384
홈페이지 | www.sunest.co.kr
ISBN | 979-11-90631-63-1(43900)   값15,000원

시사콜콜 탐험의 역사

김결 지음

세계사를
바꾼 탐험가들

"인류는 왜 탐험을 시작했을까?"

씨네스트

제 **3** 장

중세의 탐험가들 : 암흑의 시대, 종교적 공포가 인류를 지배하다
: 서기 400년~서기 1400년

제 **4** 장

근세의 탐험가들 : 팽창과 침략정복의 시대, 발견하면 내 땅이다!

: 서기 1400년~서기 1600년

제5장

근대의 탐험가들: 제국주의의 식민지지배와 불평등한 교류의 시대, 그리고 새로이 생겨나는 관심들

: 서기 1600년~서기 1900년

제 6 장

냉전의 시대 : 제2차세계대전 후 사회주의와 자본주의의 대립은 우
주탐험 경쟁을 촉진시켰다

: 1945~1970

제 **7** 장

미지의 세계에 대한 순수한 동경의 시대: 냉전을 넘어서 다양성의 개념이 서서히 싹트고 현재에 이르다

: 1950~2020

- 탐험에 관한 근거 없는 이야기 10가지 -

1. 탐험은 항해술과 같은 과학기술의 발전으로 시작되었다?

No! 오스트랄로피테쿠스도 탐험을 즐겼다. 인간이 일정한 장소에 정착해 살기 시작한 것은 농사를 지으면서부터다. 그 이전 수백만 년 동안, 인간은 과일이 열리는 곳을 찾아다녀야 했고, 인간보다 힘이 센 짐승이 있으면 자리를 내주고 멀리 가야 했으며, 만만하게 잡아먹을 수 있는 짐승이 많은 곳을 찾아 거주지를 옮겨야 했다. 가는 곳마다 낯설고, 위험이 도사리고 있고, 적응을 했다 싶으면 다시 떠나야 했다. 이것이 모험이자 탐험이다. 별별 신기한 경험이 많았다. 그럼 왜 그들은 탐험을 하지 않은 것으로 생각하게 될까? 문자가 없어서 기록으로 남길 수 없었기 때문이다. 물론 황당한 상상이지만, 그들에게도 문자가 있었다면 《반지의 제왕》보다 재미있는 이야기가 남아있을 것이다. 그러나 기록이 없는 것은 아니다. 그들이 남긴 탐험의 흔적이 '그림문자'로 남아 있다. 동굴의 벽이나 바위에 새겨져 있고, 우리는 상상력을 동원하여 그림을 문자처럼 해독해보려고 노력한다.

2. 탐험은 서양인들만 했다?

No! 그것은 서양 위주의 역사관이다. 서양인들이 많은 기록을 남긴 것은 사실이다. 그래서 이 책도 안타깝지만 그런 세계관에서 자유로울 수 없는 것이 현실이다. 역사는 승자의 관점에서 기술된다. 15세기 이후 유럽에서 항해술이 발전하고, 다른 대륙을 침략하여 식민지가 생기기 전까지, 각각의 대륙은 거의 동등하게 자기의 문화를 유지하며 살고 있었다. 아프리카, 아시아, 유럽, 남아메리카, 북아메리카, 오세아니아는 거의 고립되어 있었다. 오히려 유럽에서는 중국이나 인도, 아라비아를 동경의 대상으로 바라보기도 했다. 15세기 이후, 세계는 유럽 위주로 재편되었고, 그들이 만든 역사가 곧 세계의 역사가 되었다. 세계사 책을 보면 다른 대륙의 역사는 아주 조금, 그것도 그들보다 미개하거나 암흑의 시간으로 기술되고, 현대의 우리는 그것을 자연스럽게 받아들인다.

3. 탐험은 무조건 좋은 의도로 이루어진다?

No! 침략과 탐험은 백지 한 장 차이이다. 물론 순수한 마음이나 미지의 땅에 대한 궁금증으로 탐험하는 경우도 있다. 고난을 각오하고 사심 없이 자기가 좋아하는 것을 한다. 예를 들면, 죽음을 각오하고 에베레스트에 오른다든지, 작은 배로 세계의 바다를 일주하는 것이 있다. 물론 여기에도 명예욕이 있는 것이 사실이지만, 그 정도를 가지고 비난하면 아주 속이 좁은 사람이다. 우리가 배우고 있는 대부분의 탐험은 침략의 야욕과 밀접히 연관되어 있기 때문이다. 고대 동양에서는 유럽 쪽으로 영토를 확장하기 위하여 티베트 고원을 넘었고, 고대 로마는 동양으로의 팽창을 위해 인도의 밀림까지 들어왔다. 또한 위대한 탐험 정신의 결과라고 칭송되는 신대륙 발견 역시 그 이면에 침략의 발톱이 숨겨져 있다.

4. 탐험의 결과는 공평하다?

No! 아메리카 인디언이나 호주 원주민의 입장을 생각해 보자. 아주 쉽게는 아프리카에서 끌려온 흑인의 역사를 보면 알 수 있다. 땅을 빼앗긴 것은 고사하고, 유럽인들이 몸에 지니고 들어온 세균은 원주민을 전멸시키고 말았다. 수만 년 동안 따로 살았기 때문에 그들은 면역체계가 달랐던 것이다. 이제 식민지에는 백인 위주의 사회가 건설된다. 언어, 관습, 제도, 문화, 모든 것이 원주민의 것이 아니다. 그러니 그들은 적응하기 힘들고, 더더욱 사회의 아웃사이더가 될 수밖에 없다. 거리에서 살거나 마약 중독자가 늘어난다. 이런 상황에서 원주민은 천성적으로 나약하고 게으르다고 말 할 수 있을까?

5. 탐험은 특별한 전문가들만 하는 것이다?

No! 우연한 사건으로 세계일주를 하고 돌아오는 사람들이 부지기수다. 우리가 알고 있는 사람 중에 네덜란드인 하멜이 있다. 그는 탐험 정신과는 거리가 먼 사람이다. 우연히 풍랑을 만나 제주도까지 표류했고, 한동안 조선에서 살았다. 돌려보내고 싶어도 말이 통하지 않아 어디에서 왔는지, 뭘 원하는지 서로 이해할 수 없었다. 우여곡절 끝에 그는 네덜란드로 돌아가 이 경험담을 책으로 썼다. 그것이 그 유명한 《하멜 표류기》이다. 《하멜 표류기》는 네덜란드에서 선풍적인 인기를 끌었는데, 이 책에는 낯선 곳에 사는 사람들의 신기한 인상, 문화, 관습 등이 묘사되었기 때문이다. 《하멜 표류기》 속의 이야기는 의도를 가지고 온 사람들은 쓰지 못한다. 그런 사람들은 오로지 자기 목적에만 관심이 있기 때문이다. 금광이면 금광, 정복이면 정복, 그것 이외에는 관심이 생기지 않는다. 《시시콜콜 탐험의 역사》를 통해 여러분들은 우연히 모험을 하게 된 많은 사람들을 만나게 될 것이다.

6. 세계사 교과서에는 옳은 사실만 기술되어 있다?

No! 흑역사는 감춘다. 이전에는 오로지 미개한 땅이었던 식민지를 발전시켰다고 미화하는 경우가 많았다. 예를 들면 필리핀, 베트남, 인도네시아, 인도를 침략한 네덜란드, 프랑스, 영국 등은 자기들이 그곳에 길을 뚫고 건물을 세웠다는 사실만을 기술하고, 그곳에서 수백 배 착취해간 것은 감추었다. 이제 시간이 변하여 지배까지는 마지못해 인정하지만, 아직도 원주민을 무참히 학살하고, 심지어는 동물처럼 취급하여 머리를 자르거나, 귀, 코를 베어 본국에 자랑삼아 가져갔다는 사실 등을 공식적으로 기술하지는 않는 다. 우리 또한 무의식적으로, 동남아에 관광을 가면 서양식 건축물을 구경 하면서 유럽인들이 식민지를 발전시킨 것이 아닐까 하는 착각을 하곤 한 다. 그런 것은 대부분 그 나라를 발전시키기 위하여 지은 것이 아니라, 자기 들이 거주하거나, 식민지를 관리하기 위하여 지은 것이며, 도로 또한 물자 를 실어 나르기 위해 닦은 것일 뿐이다.

7. 탐험은 인간의 경쟁심과는 상관없이 순수한 동기이다?

No! 금전에 대한 욕망과 명예욕을 부정할 수 없다. 예를 들면 영국에 이 런 아버지와 아들이 실제 있었다. 유럽인들이 아메리카의 존재를 모를 때 의 일이다. 아버지가 먼저 아메리카에 다녀왔다. 그러나 그는 자기가 다녀 온 곳이 당연히 인도인줄 알고 있었다. 그러니 자랑할 것이 되지 못했다. 시간이 지나 아들은 아버지의 설명에 따라 그곳을 다녀온다. 그리고 그곳 이 인도가 아니라 신대륙이라는 것이 판명된다. 아버지는 죽는다. 아들은 아버지가 그곳에 먼저 다녀왔다는 사실을 숨기고, 자기가 '신대륙'을 최초 로 발견했노라고 세상에 떠들고 다닌다. 그는 유명인사가 되고 영국 왕실 의 특혜를 받는다. 바로 이렇게 최초가 되면 돈과 명예, 지위가 주어진다.

그래서 경쟁자보다 더 먼저 북극이나 남극, 에베레스트, 오지에 도달하려다가 죽음을 당하는 경우가 허다했다.

8. 탐험은 언제나 훌륭하고 좋은 것이다?

No! 탐험이 좋은 것이냐 나쁜 것이냐를 따지는 것은 흑백논리이다. 한마디로 좋은 것도 나쁜 것도 아니다! 선한 의도를 가지고 탐험을 했더라도 다른 사람에 의해 나쁘게 활용될 수 있고, 욕심을 갖고 탐험을 했더라도 쌍방이 좋은 결과를 낳을 수도 있다. 탐험이 인간의 본성이고, 무엇인가가 인간으로 하여금 탐험을 하도록 부추긴다면 탐험은 피할 수 없다. 단지 결과가 악용되는 것을 막기 위해 노력하는 것이 최선이다. 이것은 친구를 사귀는 것과 유사하다. 누구도 아주 순수한 마음만으로 친구를 사귀지는 않는다. 멋있어 보여서, 공부를 잘해서, 집이 부자라서, 얻어먹으려고 등등 여러 가지 이유가 있다. 의도가 순수하지 않다고 해서 친구 없이 혼자 살 수는 없지 않은가? 그러려면 로빈슨 크루소처럼 무인도에 가서 외로이 물고기나 잡아먹어야 한다. 친구를 사귀되, 가능한 순수한 마음으로 다가가려고 노력하고, 옳지 않은 방향으로 나가는 것을 막기 위해 서로 노력하면서 사귈 수밖에 없지 않은가? 그러다가 정말 아니다 싶으면 관계를 끊더라도, 처음부터 그럴 수는 없다. 이것이 탐험의 두 얼굴이다.

9. 탐험가는 특수하고 유별난 직업이기 때문에 나는 탐험가가 될 수 없다?

No! 우리는 매일 '탐험'을 한다. 사는 것 자체가 탐험이다. 좋아하는 친구와 마주치려면 어떻게 해야 할까? 몇 번째 버스를 타야 할까? 우리는 이런저런 고민을 한 다음, 최선의 행동을 선택하는데 이것 역시 일종의 '탐험'이라고 할 수 있다. 그런 탐험에 의해 좋은 일도 발생하고, 허무한 일도 발생한다. 공부를 하는 것도 미래의 나를 향한 탐험이다. 그리고 어느 시기에는 아프리카의 사바나를 여행할 수도 있고, 남아메리카의 페루에서 잉카 문명을 만날 수도 있다. 이 모든 것이 탐험이다. '나는 아무 곳에도 가지 않고, 오로지 학교와 집만을 왔다 갔다 하고, 회사에 취직하면 집과 회사만 왔다 갔다 하는 삶을 살고 싶어!' 과연 이렇게 살려는 사람이 있을까? 탐험은 인생을 살찌우고 풍요롭게 한다. 어쨌든 여러분들의 친구 100명 중의 한 명은 탐험을 전문으로 하는 직업을 가질 것이다. 오지 여행가, 우주인, 남극연구원, 산악인, 인류학자, 고고학자 등이 그것이다.

10. 서양 학생들이 한국 학생들보다 콜럼버스나 암스트롱 등을 잘 안다?

절대 No! 직접 물어보라. 대부분은 질문을 하는 여러분보다 잘 모른다. 자기의 우월한 역사인데 왜 그럴까? 의아해 할 수 있다. 당연한 사실에 대해 굳이 관심을 가질 필요가 없다는 것이 해답이 될 수 있을 것이다. 재벌

집 아들은 자기 집에 별 관심이 없다. 원래 태어날 때부터 있었던 것이기 때문이다. 재벌집의 저택에 관심이 많은 것은 오히려 평범한 사람들이다. 이와 같은 이치다. 우리는 서양을 잘 알아야 살 수 있다. 그들의 관습과 문화, 역사를 알아야 실수하지 않을 테니까. 모르면 무시당한다. 그러나 그들은 한국에 대해 하나도 몰라도 살 수 있다. 서양인이 TV에 나와서 조금만 한국을 알아줘도 놀라며 칭찬한다. "오! 나 김치 너무 너무 좋아해!" 이렇게 말이다. 세상이 조금은 불공평하게 느껴지겠지만, 우리는 이런 세상에 살고 있다.

01

미지의 시간 :

원시시대의 인류는 모두 모태 탐험가였다

380만 년 전~기원전 6000년 농사를 짓기까지

: 개요

탐험은 인간의 타고난 본성이다.

꼭 무언가를 최초로 발견하여 명성을 떨치기 위
하여 탐험을 하지는 않는다. 탐험은 인간의 본성
에 가깝다. 인간은 가보지 않은 곳에 대해 본능적
으로 호기심을 갖는다. 아이를 가만히 놔두면 가
고 싶은 데로 간다. 가면 갈수록 세상이 신기하다.
그리고 인간만이 탐험을 하는 것도 아니다. 동물
도 가고 싶은 데로 간다. 우리와 같이 살고 있는
개와 고양이도 집을 나가면 가고 싶은 곳으로 간
다. 그들이 명확히 무엇에 호기심을 갖는지 인간

의 입장에서는 모르지만 말이다. 그럼 식물은 어떨까? 한 자리에 있으니 아무런 호기심이 없다고 봐야 하는 걸까? 그렇지 않다. 식물도 탐험을 한다. 빛이 더 센 쪽으로 몸을 기울여 이동을 한다. 바람을 피하기 위하여 담 밑에 숨고, 하늘로 치솟기 위하여 큰 식물을 타고 올라간다. 이처럼 탐험은 생명이 있다면 도처에서 이루어진다. 그럼 방안에 있는 것을 좋아하는 집돌이 집순이는 어떻게 생각해야 할까? 그들은 죽어 있는 인간일까? 그것도 잘못된 생각이다. 그들도 탐험을 한다. 책을 읽고, 상상을 하고, 스마트폰을 통해 미지의 세계를 탐험한다. 이렇듯 탐험에 대해 고정관념을 가질 필요는 없다. '탐험은 위대하고 특별한 탐험가가 하는 것!'이라고 말이다. 역사에서는 중요한 것만 기술된다. 그래서 부득이 몇몇의 사람들의 이름이 부각되는 것일 뿐, 그들만이 탐험을 한 유일한 사람들이라고 규정짓는 것은 바람직하지 않다. 우리는 누구나, 언제나, 어떤 방식으로든 자기의 탐험을 한다. 죽기 전까지는!

1. 걸어서 지구를 한 바퀴 도는데 100만 년이 걸리다

먼저 세계지도가 지금과 같지 않다는 것을 이해해야 한다. 수백만 년 전의 지구는 대륙과 대륙이 연결된 곳이 많았다. 배를 타지 않고도 이동할 수 있었다. 배를 만든다는 것은 얼마나 엄청난 사건인가! 아프리카에서 태어난 원시인류는 걸어서 유럽에 도착했다. 유럽에 정착한 인류는 주로 사냥을 하면서 살았다. 그들은 사는 환경에 적응하기 위해 몸집이 장대해졌다. 한 부류는 중앙아시아, 시베리아 평원을 거쳐 알래스카, 캐나다, 미국 등의 북아메리카에 도착했고, 다시 멕시코, 페루, 볼리비아 등의 남아메리카로 이동했다. 북아메리카 인디언, 남아메리카의 잉카제국 등이 그 후손이라고 할 수 있다. 그리고 또 다른 무리는 아시아 대륙을 거쳐, 오스트레일리아, 뉴질랜드, 태평양의 섬으로 퍼져나갔다. 호주의 마오리족 등이 그들의 후손의 후손이라고 할 수 있다. 그러

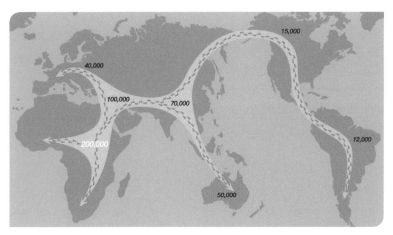

선사시대 인류의 이동

나 이렇게 단순하게 말할 수는 없다. 편의상 이렇게 분류하는 것이다. 어떤 경로로, 얼마만큼의 시간 동안, 인류가 지구 전체로 퍼져나갔는지는 아주 작은 발견과 발견, 그것을 과학의 힘을 빌려 꿰어 맞추는 것외에 도리가 없다. 꿰어 맞추기 위하여 오지를 헤매는 것 또한 탐험이다. 한국인만 하더라도 북쪽에서 내려온 사람과 남쪽에서 올라온 사람이 뒤섞여 있다. 북방계는 주로 광대가 크고 쌍꺼풀이 없으며, 남방계는 동글동글하고 쌍꺼풀이 있으며 까무잡잡하다. 아무튼 미지의 세계로 가는 것은 인간의 본성이다. 그리고 생명의 조건이다.

• 루시(lucy) 이야기

지금으로부터 390만 년 전, 루시는 엄마 아빠와 함께 초원에서 행복하게 살고 있었다. 배가 고프면 과일을 따 먹었다. 따뜻한 어느 날 오후, 엄마 아빠는 볕을 쬐며 낮잠을 자고 있었다. 루시는 혼자 초원을 바라보다가 초원 너머에 어떤 세상이 있는지 궁금한 생각이 들었다. 그러나 엄마 아빠는 위험하니까 혼자서 돌아다니지 말라고 했다. 초원에는 무서운 동물들이 있다고 했다. 그

루시 화석이 발견된 장소

러나 사방을 살펴보니 조용하기만 했다. 루시는 호기심이 발동하여 엄마 아빠가 자는 틈을 이용하여 멀리 가보기로 했다. 루시는 초원을 걸었다. 안전했다. 초원의 끝에 다다르자 개울이 보였다. 루시는 개울을 건넜다. 그러자 높은 산이 나타났다. 산에 오르면 꼭대기의 바위 위에서 멀리 볼 수 있을 것 같았다. 루시는 산을 오르기 시작했다. 중간에 배가 고파 나무 열매를 따 먹었다. 먹을 수 있는 열매는 엄마 아빠가 가르쳐 주었다. 드디어 꼭대기에 다다르자 사방이 훤히 트였다. 세상은 생각한 것보다 훨씬 넓었다. 멀리 큰 강이 흐른다. 강 너머에는 우거진 숲이 보인다. 그 너머에는 더 높은 산들이 줄지어 서 있다. 루시는 더 멀리 가려고 산을 내려가기 시작했다. 내려가는 것은 올라오는 것보다 쉬웠다. 거의 다 내려왔을 때 그는 발을 헛디뎌 벼랑으로 떨어졌다. 루시는 다리를 다쳐 걸을 수가 없었다. 설상가상으로 마른 흙더미가 무너져 루시는 흙속에 파묻힌다. 엄마 아빠를 불러보았으나 이미 살던 곳에서 너무 멀리 왔다. 루시는 그렇게 잠이 들었다.

390만 년이 지난 1974년 루시는 화석으로 발견되었다. 오스트랄로피테쿠스 아파렌시스(australopithecus afarensis)! 그가 발견된 곳은 아프리카의 에티오피아였다. 그의 이름 루시는 발견한 영국 사람이 즐겨 듣던 영국의 록밴드 비틀즈의 노래 제목 〈Lucy in the Sky with Diamonds〉에서 따온 것이다. 아프리카에서 발견된 인류가 영국인의 이름을 가지고 있다는 것이 아이러니하기는 하다. 그러나 '최초의 인류'의 이름은 다른 발견에 의해 바뀔지도 모른다. 이미 수십 번 바뀌었다. 그래서 인류의 역사를 200만 년이나 300만 년으로 규정할 수도 없다. 새로운 발견이나, 새로운 연대 측정법에 의하여 500만 년이 될 수도 있고, 반대로 지금까지의 발견이 모두 뒤집어져, 루시는 현대 인류의 조상이 아니라고 판명될 수도 있다. 모두가 끝없는 탐험 정신의 결과이다.

오스트랄로피테쿠스 아파렌시스
(australopithecus afarensis) 화석

2. 왜 이렇게 인구가 많아? 먹을 것이 모자라! 산을 넘고 강을 건너 이민을 가자!

그래도 위험한 모험을 감행하는 데는 그럴만한 특별한 이유가 있다. 무리의 숫자가 늘어난다. 주변에서 구할 수 있는 먹이의 양은 한정되어 있다. 또 날씨가 일정하지 않다. 어떨 때는 심한 가뭄이 들어 열매가 맺지 않는다. 더불어 식물을 먹던 동물들도 사라진다. 이 변화는 광대한 지역에서 이루어진다. 그러면 하는 수 없이 먹이를 찾아 먼 거리를 이

• 소년, 고대 인류를 만나다!

1879년, 양치기 소년 프란츠는 마을 뒷산에서 작은 구멍을 발견한다. 호기심 많은 소년은 비를 피하기 위해 안으로 들어간다. 많은 농부들이 그곳을 지나쳤지만 구멍이 커다란 동굴의 입구라는 것을 몰랐다. 동굴은 수백 미터나 되었다. 프란츠는 신비로운 느낌이 드는 동굴 안으로 더 들어간다. 그리고 거기에

마르셀리노 산즈데와 그의 딸

서 벽에 그린 그림을 발견한다. 소년은 그 그림이 무엇인지를 모른다. 동굴을 나온 소년은 같이 놀던 여자 친구에게 동굴의 그림 이야기를 한다. 그 소녀는 집으로 돌아가서 저녁을 먹으며 아버지에게 그 이야기를 무심코 한다. 소녀의 아버지는 깜짝 놀란다. 예감에 소름이 끼친다. 그는 아마추어 고고학자 마르셀리노 산즈데였던 것이다. 그 그림은 세계문화유산이 된다.

동해야 한다. 몇 달이 걸릴 지, 몇 년이 걸릴 지도 모르는 여행이다. 이 여행은 단순한 호기심을 넘어 위험과 고생을 감수해야 한다. 이제 생존과 탐험은 하나가 된다. 가는 길에 배고픔으로 죽기도 하고, 맹수를 만나 잡아먹히기도 한다. 그렇게 긴 여정 속에서 살기 좋은 곳이 나타난다. 기후도 온화하고, 열매도 많이 열리고, 더불어 사냥을 할 먹잇감도 풍부하다. 그들은 그곳에서 일시적으로 머문다. 그곳이 황폐해지기 전까지는 그 주변이 생활의 터전이 된다.

3. 알타미라 동굴 벽화의 충격, 그들은 진정한 예술가!

마르셀리노 산즈데는 딸을 데리고 동굴에 들어가 그림의 존재를 확인한다. 그는 곧바로 전문 고고학자인 마드리드 대학의 후안 비라노바를 대동하여 그림을 감정한다. 18,000년 전에서 15,000년 전의 인류의 그림이 세상에 알려진다. 1879년, 인류의 역사에 대한 새로운 지평이 열리는 순간이었다. 알타미라 동굴은 스페인의 칸타브리아 지방의

스페인의 칸타브리아 지방의 산탠데르와 알타미라 동굴

산탠데르라는 소도시 근처에 있다.

이 그림은 왜 위대한가? 단지 오래 되었다고 해서 유명한 것이 아니다. 고대 인류의 재능에 대해 현재의 우리가 지닌 무지함을 뒤흔들었다. 처음에는 고고학자들이 사기죄로 고소당하기도 했다. 말, 사슴, 멧돼지 등 그림의 형상이 지나칠 정도로 진짜 같고 살아 있는 것처럼 생동감이 넘쳐 원시 인류의 작품이라고 믿기지 않았기 때문이다. 색채에 대한 감각도 뛰어났으며, 심지어 사물의 부피감을 묘사하는데 필요한 원근법까지 알고 있었다. 그들은 뛰어난 예술가였다. 고대 인류를 무식한 원시인 취급하던 당시 전문가들에게 이 그림은 사기로 보일 수밖에 없었다. 고고학자의 명성을 얻기 위해 몰래 그려놓은 것! 실제로 그 고고학자들은 발표회장에서 웃음거리가 되었다. 지금은 알타미라 동굴 벽화와 같은 유적을 발견하면 당연히 물감의 연대 측정을 한다. 그러나 1879년, 당시에는 그런 과학기술이 없었다. 그 발견은 해프닝으로 끝나버렸다.

그러나 이후 더 많은 선사시대의 벽화가 발견되었는데, 모두가 알타

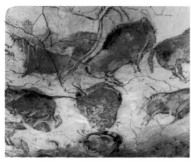

알타미라 동굴의 벽화

• 대한민국의 울산 반구대 암각화! 그들은 어디로부터 왔을까?

울산 대곡리 반구대 암각화는 신석기 시대 후기에 새겨졌다. 신석기 시대는 지역에 따라 다르게 나뉜다. 대략 기원 전 1만 년 전에서 기원전 6,000년 전으로 추정된다. 1971년 12월, 이곳에 다른 목적으로 온 고고학자가 있었는데, 농부가 그저 떠드는 소리를 듣고 전문가의 촉으로 탐사하여 발견하게 되었다.

반구대 암각화가 있는 대곡천

암각화에는 사냥을 했던 동물의 모습, 특히 해양 동물인 고래가 많이 새겨져 있다. 고래에 대한 묘사가 종류별로 세밀한 것이 놀랍다. 새끼를 등에 태운 귀신 고래, 앞모습과 뒷모습의 색깔이 다른 범고래, 많은 세로줄 무늬가 새겨진 수염고래가 있다. 또 그냥 고래만 새긴 것이 아니다. 포경의 순간이 자세히 묘사되어 있다. 배에 탄 십여 명의 사냥꾼, 작살과 그물이 보이고, 작살을 맞아 끌어올려지는 고래, 잡은 고래의 살을 발라내는 모습이 생생하다. 그래서 문자가 없었던 시기에 고래 사냥을 교육하기 위해 그린 것으로 추측하고 있다. 1995년 문화재청에 의해 국보 제 285호로 지정되었다.

울산 반구대 암각화
(반구대암각화유적보존연구소)

미라 동굴의 벽화처럼 아름다웠다. 알타미라 동굴의 벽화가 선명하게 보존된 이유도 밝혀진다. 산사태로 인하여 동굴이 밀폐되면서 외부 공기나 습도와의 접촉이 차단된 것이다. 인생이 얄궂게도, 알타미라 동굴

• 이스터 섬의 모아이(moai)석상! 도대체 이 무거운 돌을 어떻게 옮겼을까?

태평양의 이스터 섬에는 무게가 20톤에서 90톤이나 되는 사람 얼굴을 한 석상들이 줄지어 서 있다. 방향도 다르고 크기도 다르다. 그 무게의 돌을 세우기도 힘들뿐더러, 옮겨오기도 불가능한 것처럼 보인다. 그리고 섬에는 그런 큰 돌이 없으므로 다른 섬에서 옮겨와야 했다. 현대의 학자들이 그만한 무게의 돌을 고대의 배에 싣는 실험을 했으나 성공하지 못했다. 이 석상을 만든 인류는 어디로부터 무슨 이유로 이 척박한 섬에 왔는지, 왜 그들은 사람의 얼굴을 만들었으며, 돌은 어디서 구했는지, 모든 것이 미스터리로 남아 있다. 누군가는 외계인의 방문 흔적이라고 주장한다. 이 석상은 칠레와 영국에서 하나씩 훔쳐갔다고 하는데, 섬의 원주민들이 줄기차게 반환을 요구하여 칠레는 2021년 박물관에 소장된 석상을 군함에 실어 반환했지만, 영국의 대영박물관은 아직도 반환을 거부하고 있다.

의 벽화가 선사시대 인류의 작품이라는 것이 공인되었을 때, 정작 발견한 사람은 죽고 없었다. 그들은 어디로부터 스페인까지 걸어 왔을까? 얼마나 많은 시간이 걸렸으며 얼마나 다양한 모험을 했을까? 그리고 다시 어디로 이동하여 갔을까? 그리고 물감은 자연의 어느 것으로부터 채취한 것일까? 모든 것이 궁금하고 신비롭기만 하다.

4. 위대한 발견 : 앗! 힘들게 돌아다닐 필요가 없잖아?

최초의 인류였던 루시(lucy)가 행방불명 된 지 390만 년이 흘렀다. 인구는 수백, 수천 배로 늘어났다. 그동안 인류는 수없이 많은 갈래로 나뉘어져 여러 대륙으로 흩어졌다. 이제 이주한 곳의 환경에 적응하느라 서로가 한 조상에서 나온 것인지도 모를 정도로 외모가 변해버렸다. 크게 흑인종과 백인종, 황인종으로 분화되었다. 어느 따뜻한 봄날, 루시의 후손인 쿤테(가명)는 움막 주위에 먹는 식물이 자라는 것을 발견한다. 분명히 움막 주위에 그 식물은 없었다. 쿤테는 몇 날을 골똘히 생각하다가 깨달음을 얻는다. 그것은 지난 가을 멀리서 채취해 온 것으로 먹다가 흘린 씨앗이 자란 것이었다. 쿤테는 손뼉을 치며 소리쳤다. "이제 힘들게 돌아다닐 필요가 없구나! 씨앗을 뿌리면 이렇게 자라는 것이구나." 이제 쿤테의 무리는 힘들게 멀리까지 갈 필요가 없어졌다. 농사를 지으며 정착을 하게 되었다.

몸이 편해지니 자연히 인구도 늘어났다. 더불어 산채로 잡아온 동물을 나중에 먹으려고 가둬두니 새끼를 낳는 것이 아닌가. 이제 동물을 잡으려고 위험하게 싸우지 않아도 되었다. 농사를 지어 열매를 먹고, 잎과 줄기는 동물의 먹이로 주면 된다. 농경의 시작은 인류 역사상 생활의 가장 큰 변화였다. 이전의 생활이 야생이라면, 이후의 생활은 문명이 되었다. 야생은 자연의 일부라는 의미이고, 문명은 자연을 이용한다는 의미이다. 그러나 문명이 축복만은 아니었다. 인간이 자연을 정복하는 능력을 가지게 된 대신, 자연을 파괴하고 자연에 의해 재난을 당하는 문제가 발생하게 되었다. 우리가 사는 현재의 문명이 그렇다. 그러나 애초에 자연으로부터의 독립과 문명을 택한 인류를 탓할 수는 없다. 그렇지 않았다면 우리는 아직도 돌도끼를 들고 자연 속을 방황하고 있을 것이다.

5. 모험심의 쇠퇴 : 인류는 평야지대에 정착한다

기원전 8,000년에서 6,000년을 전후하여, 이제 농사를 짓기에 유리한 평야지대로 사람들이 모인다. 물이 흘러야 하고 오랜 세월 퇴적되어 영양분이 풍부한 흙이 농사에 유리하다. 그런 곳은 큰 강의 하류다. 수확량이 많아지고 일부는 겨울을 위하여 저장을 한다. 저장을 하기 위해 움막을 크게 짓고 흙으로 항아리를 만들기 시작한다.

배가 부르고 등이 따뜻하다. 인구는 더 늘어

곡식을 담는 그릇과 움막

난다. 이제 인생을 즐기기 위해 춤과 노래가 생긴다. 한 해의 농사를 짓고 자연에 감사하는 축제가 열린다. 점점 더 인류의 생활은 풍요로워지고, 늘어난 인구를 통제하기 위하여 위계질서가 생긴다. 부족이 연합하여 더 큰 부족이 되고, 그 부족들을 통합하여 부족국가가 성립된다. 이제 위험한 곳으로의 탐험은 필요 없다. 한 곳에서 가축을 기르고 농사를 지으면 된다! 이제 탐험은 생존을 위한 필수조건이 아니라, 더 많이 갖기 위해 필요한 순간에 행하는 것이 된다. 세력을 확장한다든지, 더 비옥한 땅을 찾기 위해 떠나는 것이다.

• 고대 문명의 탄생: 그러나 또 어떤 문명이 어떤 탐험가에 의해 발견될 수도 있다! 지금 우리가 알고 있는 것이 고대 문명의 전부라고 생각하면 큰 오산이다. 아직 발견되지 않았을 뿐이다.

이렇게 인류의 고대 문명은 모두 큰 강의 하류인 평야지대에서 번성했다. 인도의 인더스 문명은 인더스 강을 끼고 있으며, 지금의 시리아와 레바논, 요르단 지역을 아우르는 메소포타미아 문명은 유프라테스 강과 티그리스 강을 낀 지중해의 해안에서 꽃을 피웠다. 중국의 황하 문명은 황하를 끼고 있고, 이집트 문명은 나일 강의 삼각주에 위치한다. 모두 기름진 땅과 물이 있는 곳이다.

문명의 발상지

02

고대의 탐험가들 :

이제 먹고 살만하니 호기심은 본능적인 것에서
지적인 것으로 바뀌었다

기원전 3000년~서기 400년

: 개요

새로운 지적 호기심: 우리 사는 세상은 얼마나 넓을까? 다른 곳에도 나와 비슷한 인간이 살고 있을까?

아주 풍요로운 것은 아니었지만, 농사를 짓고 가축을 기르니 먹는 문제가 해결되었다. 힘들게 멀리 돌아다니지 않아도 되었다. 그러면 한 도시, 한 마을에서만 살아도 되는 것이 아닐까? 그렇지 않다. 이제 다른 차원의 탐험이 시작된다. 이전의 탐험이 배고픔에서 벗어나기 위한 것이었다면, 이제 탐험은 인간의 지적인 욕구를 충족시키기 위해 행해진다. 바다 건너에도 땅이 있을까? 대지는 얼마나 넓은 것일까? 저 산맥 너머에는 어떤 종족이 살고 있을까? 이런 호기심이었다. 물론 전쟁이 없었던 것은 아니지만 자기 영토를 침범하는 세력에 대한 방어나 가까운 바다의 주도권을 위한 소규모 싸움이었다. 한 나라를 통째로 빼앗아 그곳에서 부를 독점하기 위한 탐험은 나중의 일이다. 이때까지만 해도 한 부족, 또는 한 국가가 통치할 수 있는 땅의 크기는 그다지 넓지 못했다. 인구나 군대가 받쳐주지 못했다. 가질 필요도 느끼지 못했지만, 넓은 땅을 가져봤자 관리하기만 힘들었다. 이 시기의 탐험가에 대한 기록은 별로 없다. 입으로 전해오는 이야기나, 누군가의 단편적 기록으로 추측할 수 있을 뿐이다.

1. 헤로도토스(기원전484~기원전425?) : 역사의 아버지

그는 그리스의 여행가로 기원전 454년 경, 30
살이 되었을 무렵에 북아프리카, 페르시아(현
재의 이란과 터키 일대)를 탐사하고 기록을 남
겼다. 이 경험과 페르시아 전쟁을 합한 이야
기가 그 유명한 《역사》라는 책이다. 이 책은 현
존하는 가장 오래된 역사서로 평가받는다. 또한
사람들에게 다른 지역의 색다른 풍물을 들려주

헤르도토스

는 이야기꾼으로 명성을 떨쳤다. 그의 '탐험'은 개인적인 호기심 때문
이었으며, 역사의 아버지라는 거창한 이름은 이름 붙이기 좋아하는 사
람들이 후대에 붙였다. "음악의 아버지는 바흐(bach)"라고 부르는 식이
다. 《역사》는 여행하는 곳의 신기한 풍물을 나름 사실적으로 묘사하여

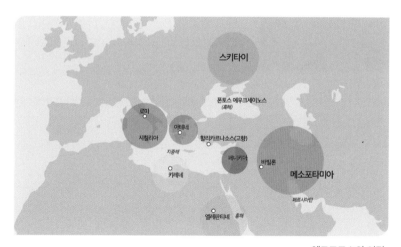

헤르도토스의 여정

사료적 가치가 높은 것은 분명하지만, 타 문화에 대한 경멸적인 시선이 있는 것도 사실이다. 예를 들면 《역사》의 2권에서 북아프리카의 이집트에서 피라미드를 보고는 노예를 채찍질하며 만든 거대한 무덤일 뿐이라며 경이로운 건축물을 은근히 폄하한다. 당시에 그리스인들은 세계 최고의 문명인이라는 자긍심을 품고 있었기 때문일 것이다. 그의 사망 연대는 정확히 알려지지 않았다.

2. 피테아스(기원전300~400년경) : 그리스 북쪽에도 땅이 펼쳐져 있다

피테아스

피테아스는 고대 그리스의 지리학자이자 탐험가이다. 그는 지리에 대한 학문적 관심으로 탐험을 한다. 기원전 325년, 그는 그리스에서 출발하여 지금의 프랑스를 거쳐 현재 영국인 브리튼 섬을 발견한다. 피테아스는 특히 영국 본섬인 브리튼 섬을 탐험해 '온몸에 그림을 그린 사람들'이라는 프레타니케(Prettanikē)라는 표현으로 브리튼의 어원을 만든 사람이다. '발견'이라는 표현은 그리스인의 관점에서 말하는 것이고, 거기에는 이미 다른 종족들이 살고 있었다. 어떤 근거로 사실을 증명해냈는지 모르지만, 북극을 탐험하며 신기하게도 지구가 둥글다는 놀라운 주장을 하기도 했다. 나아가 유럽 북부의 섬에서 커다란 밀물과 썰물의 차이를 보고, 그 현상이 달의 모양과 관련이 있다는 것

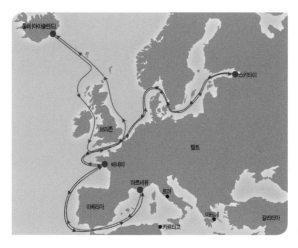

피테아스의 탐험 경로

을 관찰했다. 그는 보름달이 뜰 때마다 사리(밀물과 썰물의 차이가 가장 큰 상태)가 나타난다고 주장했다. 그러나 달의 인력과 관계가 있다는 것을 알지는 못했다. 뉴턴의 만유인력은 무려 1,500년 이상이 지나서 야 제기된다.

3. 한노(?~?) :《한노의 항해기》의 주인공

한노는 카르타고 사람으로 기원전 425년 경 아프리카를 탐험했다. 이 탐험을 기록으로 남긴 항해일지《한노의 항해기》의 주인공이다. 한 노는 기원전 425년경 60척의 배에 3만 명이나 되는 사람들을 싣고 아 프리카 북서 해안을 탐험하였다. 주로 해안을 따라 항해했으며, 지금의 모르코 지역 부근에 여러 개의 도시를 건설하고 신전을 세웠다. 릭소스 강을 따라 내륙으로도 진출했다. 밀림 지역에서 고릴라를 보고 신기하

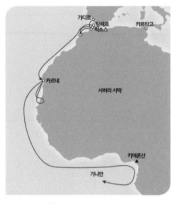

한노의 탐험 경로

게 여겼다는 생뚱맞은 이야기가 전해진다. 그 당시로 돌아가서 생각해 본다면, 고릴라는 한 번도 보지 못한 동물이었기 때문에 놀랄 만한 사건이었을 수도 있겠다는 생각이 든다. 이후에 다시 아프리카 대륙의 남쪽으로 탐험을 계속했다. 그리고 카르네라는 무역의 중심지를 건설했고, 지금의 카메룬까지 갔던 것으로 알려져 있다.

이 탐험의 기록인 《한노의 항해기》는 10세기와 14세기에 만들어진 그리스어 필사본이 전해지고 있다. 카르타고어로 기록되었을 것으로 보이는 원래의 기록은 바알 신전에 있었다고 하는데 소실되었다. 14세기에 그리스 어로 기록된 《한노의 항해기》는 대영박물관과 프랑스 국립도서관에 소장되어 있다.

• 잠깐! 도대체 카르타고가 뭐야?

카르타고는 지금의 북아프리카 튀니지 일대에 있었던 고대 국가이다. 지중해 상업무역의 중심지로 번성했으나, 지중해의 패권을 두고 로마와 싸우다가 기원전 146년 3차 포에니 전쟁으로 로마에 의해 멸망했다.

4. 히밀코(?~?) : 유럽 북서부, 아프리카의 최남단 희망봉에 가다

히밀코 역시 한노와 마찬가지로 카르타고 인이었다. 기원전 5세기경, 지중해를 벗어나서 대서양으로 들어간 최초의 지중해 사람으로 유럽의 북쪽 해안까지 다녀오는 바닷길을 탐험했다. 이때 카르타고는 지중해의 패권을 두고 그리스와 경쟁하고 있었기 때문에 그리스인들에게 두려움을 주기 위해 바다에 괴물이 산다는 소문을 퍼뜨리기도 하였다. 또한 그는 놀랍게도 아프리카의 최남단 희망봉까지 다녀온 최초의 사람이다. 일반적으로는 포르투갈의 탐험가 바르톨로뮤 디아스가 15세기 대항해의 시대에 희망봉을 발견했다고 알려져 있지만, 유럽인으로서 희

망봉을 최초로 발견한 사람은 히밀코라고 할 수도 있다. 덧붙여 말하자면, 발견이라는 말도 수정되어야 마땅하다. 그곳은 황무지가 아니라 이미 다른 인류가 살고 있었기 때문이다. 그러므로 엄밀하게는 유럽인 최초로 아프리카 최남단에 다녀왔다고 표현해야 할 것이다.

히밀코의 탐험 경로

세계사에서 고대 인류의 탐험의 역사를 찾아보면 그리스인들의 기록이 대부분인데, 이는 유럽인들이 고대 그리스 로마 문명을 자신들의 기원으로 생각하기 때문이다. 그리고 서양의 패권과 더불어 자연스럽게 세계의 기원으로 간주된다. 그러나 그것은 지중해 중심의 세계관이다. 당시 동양 사람들은 그리스의 존재를 굳이 알 필요가 없었다. 중국인의 세계관은 중국 중심이었고, 인도인의 세계관은 인도 중심이었다. 단지 중요하게 취급되지 못할 뿐이다. 그것이 우리가 살고 있는 세계의 냉엄한 현실이다. 백제를 세운 동명성왕의 여정만 하더라도, 북만주에서 한반도 남단까지의 거리는 그리스에서 프랑스 북부 해안까지의 거리쯤은 된다.

5. 장건(?~기원전 114년): 상상할 수 없는 고생과 대탐험을 한 사람

기원전 139년, 장건은 중국 한나라 시대의 군사탐험가로 무제의 명령으로 티베트 고원, 파미르 고원은 물론, 인도, 페르시아(이란과 터키 일대), 흑해 지역까지 다녀왔다. 말 그대로 동양과 서양을 잇는 실크로드의 개척자이다. 당시 한나라는 무시무시한 흉노족에게 번번이 패했다. 노략질을 일삼는 흉노족에 대항하기 위해서 한나라는 흉노족의 배후에 있는 타민족인 대월지국과 동맹을 맺을 필요가 있었다. 결국 원정의 목적이 대월지국과 동맹을 맺는 것에 있었으므로 장건의 원정단은 군대가 아니라 '사절단'의 성격이 강했다. 그 과정에서 장건은 장군이라는 지위에 걸맞지 않는 엄청난 고난과 역경을 겪어야 했는데, 이를 극복한 것을 두고 인간 승리의 표본이라고 할 정도다. 아무튼 장건은 미지의 세계에 대한 수많은 정보를 가져와 서역에 대한 중국인의 시야를 넓히는데 지대한 공헌을 했다.

• 상상 불가능한 고생길이 열리다.

그런데 문제는 흉노 땅을 통과하지 않고는 서쪽으로 갈 수 없다는 것이었다. 그는 흉노족에게 붙잡히지만 정체를 숨기기 위해 흉노족 여자와 결혼해서 자식까지 낳는다. 그러다가 자신에 대한 감시의 눈이 소홀해진 틈을 타서 가족들과 탈출한다. 이제 처자식까지 데리고 모진 여행을 해야 했다. 그러나 돌아오는 길에 또 흉노족에게 붙잡히고 천

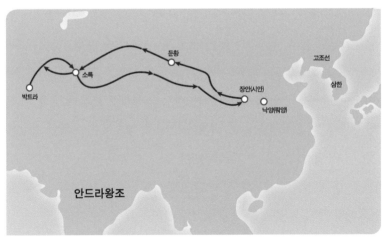

실크로드를 개척한 장건의 서역 원정로

신만고 끝에 도망친다. 그는 13년간의 여행을 끝내고 한나라로 귀환한다. 100명으로 시작된 원정에서 돌아온 사람은 본인과 아내, 부하한 명이 전부였다. 자식은 물론 일행 모두를 잃었다. 황성 안에 들어오자 황제는 물론 모든 대신들이 장건의 거지같은 모습을 보고 대성통곡을 했다. 혈기 왕성했던 늠름한 모습은 사라지고, 다 죽어가는 사람이되어 돌아왔던 것이다. 기원전 123년, 한 무제는 장건의 성과와 정보를 바탕으로 흉노족과 일대 전쟁을 벌이고, 그들을 먼 지역으로 몰아낸다.

• 장건의 여행이 가져다 준 현실적 이익 - 실크로드

장건은 대완(大宛, 현재의 중앙아시아 우즈베키스탄), 대월지(중앙아시아평원과 인도 북부에 살았던 종족), 대하(大夏, 현재의 파키스탄 일대에 살았던종족), 강거(康居, 현재의 중앙아시아 카스피 해 근처에 있었던 터키계 유목 민족의 나라), 오손(烏孫, 현재의 중앙아시아 카자흐스탄 등에 살았던 유목 민족), 신독(인도), 안식(安息, 현재의 이란과 카스피 해 근처에 살았던 종족) 등 당시 중국 밖의 이민족에 대하여 사실적이고 세세한 보고를 하였다. 어떤 농사를 짓고 무엇을 주로 먹는다, 인구가 얼마이다, 독특한 풍습은어떤 것이다, 어떤 물건이 특산품이다 등 실제로 유익한 것이었다. 이런 흥미로운 사실들을 접하면서 한나라 사람들은 외부의 국가들을 두려워하지 않게 되었다. 이런 긍정적인 사고는 후에 이 길을 통하여 장사를 하고 돈을 버는 시발점이 되었다. 만약 그곳에 대하여 쓸데없는 허풍이나 늘어놓았다면, 길을 알았다고 하더라도 아무도 그곳에 가 보려고 하지 않았을 것이다.

03

중세의 탐험가들 :

암흑의 시대, 종교적 공포가 인류를 지배하다

서기 400년~서기 1400년

: 개요

내 믿음만이 가장 중요해!

중세는 배타적 종교관이라는 악의 씨앗이 뿌려지고 인류 역사가 피로 물든 시기이다. 유럽인들조차도 400년에서 1,400년 무렵의 중세를 유럽역사의 암흑기라 부른다. 고대 그리스 문명의 조각 작품을 보면 제우스나 비너스 등 신화 속의 신은 모두 인간의 얼굴을 하고 있다. 현실의 인간의 모습은 말할 필요도 없이 아름답게 묘사된다. 그들은 인간의 아름다운 육체, 얼굴을 찬미했다. 그러나 로마제국에 기독교가 전파되면서 이제 종교가 인간의 전 영역을 지배한다. 인간의 얼굴은 고통 받고 일그러진 형상이 된다. 신만이 유일한 숭배의 대상이 된다. 천국에 가는 티켓이 거래된다. 종교적 광기, 마녀사냥, 흑사병 등의 단어가 떠올려지는 시기이다. 비단 기독교에 국한된 문제가 아니었다. 이슬람교는 이슬람교대로 같은 종교를 믿지 않는 사람들은 단지 이교도일 뿐이었다. 여타의 소수 종교나 신을 믿지 않는 종족은 어떤가? 그들도 마찬가지였다. 서로 상대의 것을 인정하지 않았다. 이때의 탐험은 생존을 위하여 침략하고, 정복한 곳의 부를 빼앗는 것을 넘어 동일한 믿음을 갖지 않은 사람들을 핍박하는 광기로 변질되었다. 농경지는 황폐해지고 인류는 고대보다 더 굶주렸다. 이 시기를 거친 이후에 14세기 무렵부터 서서히 다시 인간중심주의인 르네상스의 시대가 열린다. 르네상스(renaissance)는 '태어나다'라는 의미의 단어인 'naissance'에 '다시'라는 의미의 접두사 're-'가 결합해서 만들어진 말이다. 즉 고대 그리스 문명의 인본주의의 부활을 의미한다.

01 인류역사상 이렇게 난폭한 시대는 없었다

1. 바이킹(viking) : 8세기부터 유럽 북부에서 내려와 남서동부를 유린한 세력

보통은 바이킹 족이 탐험을 즐긴 용맹한 종족이라고 표현되고 있으나, 그건 좀 낭만적인 생각이다. 그들의 용맹함은 무조건적인 잔인함과 같이 기록되어야 하고, 한편으론 중세의 암흑기에 나타난 인류의 어두운 면이라는 사실을 인정해야 한다.

• 남하한 이유

바이킹 족은 고대로부터 스칸디나비아 반도, 노르웨이, 스웨덴, 핀란드 지역을 중심으로 살았던 종족이다. 8세기가 되면서 기후가 약간 따뜻해졌는데, 이로 인하여 경작지도 증가했지만 인구 증가율을 따라잡지 못했다. 이러한 이유로 8세기부터 11세기까지 무려 300여 년 동안, 조직적으로 전 유럽을 약탈하기 시작했다. 이들은 단기간에 잔인한 이교도로 지칭되었다. 해적을 뜻하는 바이킹이라는 이름은 유럽인들이 붙였다.

• 그들이 휩쓸고 간 지역

바이킹의 약탈 세력은 크게 스칸디나비아 반도 쪽에 거주하던 자들과 그 아래 덴마크계로 나뉘는데, 스칸디나비아 쪽에서는 발트 해를 따

바이킹의 이동

라 동남쪽 루트로 쳐들어갔으며, 독일, 폴란드, 러시아 방면, 터키, 페르
시아(현재의 이란 근처와 중앙아시아)를 유린했다. 덴마크계는 영국과 아
일랜드, 프랑스 남부, 스페인, 포르투갈을 넘어 대서양으로 항해했다. 전
유럽을 넘어 아시아까지 영향력을 발휘했다. 당시 유럽은 로마제국의
멸망 이후 구심점 없이 우왕좌왕하고 있었기 때문에 바이킹의 약탈에
속수무책으로 당했다. 변변한 국가가 세워지지도 못한 채, 기독교의 권
위가 사회를 지배하고 있었다. 기도하면서 천국에 가기만을 기다리라
고 가르쳤다.

• 잔인함의 이면

그러나 잔인한 측면만 있었던 것은 아니었다. 바이킹은 탁월한 항해

'비크(vik)'는 노르딕 언어로 '작은 만'이라는 뜻이다. 아마도 스칸디나비아의 해안 협곡들을 지칭하는 것으로 추측되는데, 'vik'에 접미사 'ing'가 붙어서 바이킹(viking), 즉 '작은 만에서 사는 사람들'이 되었다. 스스로를 그렇게 부르지는 않았을 것이기에 유럽인들이 지칭한 것으로 추측한다.

기술을 가진 상인, 탐험가로서의 유전자를 지니고 있었다. 그러니까 그 광활한 지역을 휩쓸 수 있었다. 단지 먹을 것을 위한 약탈이었다면 스칸디나비아 반도 주변의 나라를 침략하는 것만으로도 충분했다. 또한 놀랍게도 종교의 광풍 속에 있었던 유럽은 그들의 합리적 토론 문화를 경외하기도 했다. 그들은 분쟁이나 문제가 발생하면 회의를 통하여 결론을 도출해내고 모두가 그에 따르는 문화를 갖고 있었다. 정복한 곳에서는 매년 의회 형식의 회의를 개최하여 새 법을 만들거나, 사회의 중요 사안들을 결정했는데, 이것이 오늘날의 영국 의회제도에도 영향을 미쳤다. 현대의 아이슬란드의 국회는 그때의 자유로운 회의라는 의미로부터 연유된 '알씽(althing)'이라는 이름으로 불린다.

• 쇠퇴한 이유

초기에 바이킹의 공격은 서유럽, 동유럽, 근접한 아시아의 여러 국가들에게 큰 타격을 주었다. 바이킹의 무차별적인 공격으로 많은 도시와 마을, 수도원, 나아가 이슬람 사원 등이 파괴되고 약탈되있다. 막대한 경제적인 손실은 물론 인명 피해 역시 엄청났다. 당시에 왕이나 영주의 권위는 바이킹의 공격을 막아내는 능력에 의해 좌우되었다. 당연히 해안과 도시 주변에 견고한 성을 쌓고, 군사력을 강화했다. 바이킹의 입장에서 보면, 이제 먼 곳으로의 원정은 들어가는 노력에 비해 수익이 떨어지게 되었다. 차츰 공격의 횟수는 줄어들게 되었고, 이주하여 정착한 바이킹들도 서서히 기독교를 믿게 되었으며, 유럽의 문화에 동화되어 가는 수순을 밟게 된다. 그 시기가 12세기 즈음이니, 8세기부터 시작된 바이킹의 시대는 수백 년 간이나 지속되었던 것이다.

• 이미지 변신

바이킹은 18세기까지만 해도 유럽과 중동에서 천대받았다. 그들은 잔인하고 무자비한 이교도 야만족일 뿐이었다. 그 평가는 일면 정당하다. 회의 문화나 항해술 같은 장점을 지닌 것도 분명하지만, 바이킹은 전체적으로 보면 잔인하고 탐욕스러운 '도적' 집단에 불과했다. 하지만 18세기 이후 제국주의의 시대가 시작되면서 그들에 대한 재평가가 이루어졌다. 다분히 의도적이었다. 그것을 주도한 나라는 주로 스칸디나비아의 스웨덴, 핀란드, 노르웨이, 그리고 가까운 덴마크, 독일, 영국이었다. 바이킹이 오래 전부터 살았던 스칸디나비아 국가는 유럽의 본류 역사에서 변두리로 소외당하고 있었다. 자신들의 역사를 내세우려고 생각해보니 바이킹의 역사가 안성맞춤이었다. 그들은 바이킹의 이미지를 개선하는 일에 나섰다. 바이킹의 잔인함은 용맹함으로 바뀌었고, 그들의 약탈 행위는 무역을 위한 행동으로 정당화되었다. 그리고 그들이 지닌 장점이었던 회의 문화나 항해술에 대해서는 지나칠 정도로 도드라지게 칭송했다. 그런데 이상한 것은 바이킹과 별로 상관이 없는 독일과 영국의 태도였다. 먼저, 독일은 이와 같은 움직임에 왜 맞장구를 쳐주었을까? 독일 역시 유럽의 본류에서 벗어난 지역이었다. 프랑스, 이탈리아, 스페인, 포르투갈, 그리스 등이 유럽의 중심이었다. 독일의

• 서양에 대해 너무 많이 아는 한국인들

K씨는 동계 올림픽 스피드 스케이팅 중계방송을 보고 있었다. 네덜란드 선수가 나왔다. 네덜란드는 스피드 스케이팅 강국이니 잘 탈 수밖에 없다. 해설자가 실수를 했다. "오! 역시 바이킹의 전사 후예들답게 강인합니다. 체구도 스피드도 대단하군요!" 그러자 아나운서가 살짝 당황한 듯한 목소리로 해설자의 말을 교정했다. 왜냐하면 네덜란드는 덴마크나 스칸디나비아와 가깝기는 하지만 바이킹의 후예가 아니었기 때문이다. "아. 바이킹은 옆 나라 덴마크죠. 네덜란드 선수 참 대단합니다!" 아나운서가 교정한 것이 맞기는 하지만, 우리가 남의 나라에 대해 그런 세세한 것까지 배워야 하고, 또 공중파 방송이니 교정까지 해야 한다는 사실에 K씨는 씁쓸했다. 네덜란드가 바이킹이든 아니든! 그 나라 사람이 방송을 하면 한국에 대해 아무것도 말하지 않는다. 왜냐하면, 나라 이름 이외에는 정말 아무것도 모르기 때문이다.

게르만민족은 로마제국을 파괴한 '야만인'으로 평가받고 있었다. 그래서 독일은 자신들과 비슷한 이미지를 지닌 바이킹을 치켜세우는 일에 동참했던 것이다. 실제로 바이킹은 고대 게르만민족의 한 부류이기도 했다. 독일과 달리 영국은 바이킹에 의해 쑥대밭이 된 나라이다. 그럼에도 불구하고 바이킹을 찬양한 이유는 자신들이 '제2의 바이킹'이었기 때문이다. 영국은 실제로 뛰어난 항해술을 바탕으로 대규모 함대를 꾸려 5대양 6대주에 식민지를 만들었다.

19세기에 접어들면서부터 바이킹은 이전과는 완전히 다른 인상으로 인류의 마음속에 자리 잡았다. 문학, 영화, 만화 등에서 이렇게 그려진다. "용맹한 바이킹의 후예들! 뛰어난 항해술의 발명가들! 탐험 정신이 뛰어난 스칸디나비아 사람들!" 바이킹은 완벽하게 이미지 변신에 성공했다.

2. 장보고(786~846) : 동아시아 바다의 경찰

4세기부터 14, 15세기 무렵까지 중세 유럽은 종교의 광기와 바이킹의 침략 등으로 '미개한 삶'을 살던 시기였다. 하지만, 유럽과 달리 이 시기의 동아시아는 문화의 전성기였다. 가히 당나라는 세계의 중심이었다. 이슬람이나 유럽의 상인들은 상품을 사기 위해 당나라를 찾았고, 학자들은 선진문물을 배우기 위해 당나라에서 유학을 해야 했다.

장보고는 이 시기에 당나라에 유학을 갔던 신라의 지방호족 출신이었다. 그는 유학을 통해 항해술을 배우고 무역의 중요성을 체험한 다

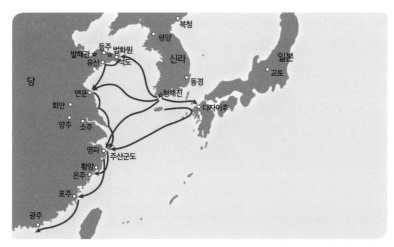

음, 신라에 돌아왔다. 그때가 828년, 흥덕왕 3년의 일이었다. 신라에 돌아온 장보고는 흥덕왕의 신임을 얻어 관직을 하사받고 1만여 명의 군사를 조직하여 전라남도 완도군에 청해진이라는 기지를 설치했다. 그는 청해진을 근거지로 삼아 들끓는 해적을 소탕하고 동아시아의 해상을 장악한다. 828년에서 835년까지 해적선 소탕 작업이 이루어졌는데, 그 이후로 해적이 사라져 동아시아의 신라, 당, 왜, 류큐국(오키나와), 대만, 발해, 그리고 더 멀리는 베트남, 인도, 아라비아에서 오는 상인들은 마음 놓고 무역을 할 수 있었다. 장보고는 자신이 직접 무역으로 돈을 벌었을 뿐만 아니라, 선박의 통행 안전을 보장하면서 세금을 거두어들였다. 그는 우리나라의 서해, 동해, 남해를 넘어, 일본, 오키나와, 대만, 필리핀 근처를 아우르는 거대한 넓이의 바다를 모두 장악한

이 시기, 바이킹 족이 항해한 거리와 장보고가 장악한 바다의 넓이를 비교해 보는 것만으로도 장보고의 위대함을 알 수 있다. 스칸디나비아 반도의 노르웨이나 스웨덴에서 영국과 프랑스 해안까지의 거리와 완도에서 대만까지의 거리는 비슷하다. 하지만, 바닷길을 관리하고 항해하는 배들의 안전을 보장하는 일은 노략질을 목적으로 항해하는 일과는 비교 자체가 불가능하다. 도둑보다 경찰이 더 체계적이어야 하는 이치와 같다. 과장할 필요는 없지만, 우리의 자랑스러운 역사를 비하할 필요도 없다.

최초의 인물이었다. 이 시기의 인물로서는 한중일 삼국의 역사서에 비중 있게 기록되어 있는 유일무이한 한국인이다. 장보고는 반란을 도모하여 청해진에서 암살되었다고 하는데, 그가 왜 반란을 일으켰는지는 밝혀지지 않았다. 반란이 아니라 누군가 장보고의 힘에 위협을 느껴 살해했다고도 하는데 정확하지는 않아 보인다. 아무튼 유럽의 반대편인 동아시에서는 비교적 태평성대의 시간이 흐르고 있었다.

3. 레이프 에이릭손(leifur eiriksson, 970~1020) : 엥! 콜럼버스보다 500년 먼저 아메리카에 다녀왔다고?

레이프 에이릭손은 아이슬란드의 바이킹 족이었다. 그는 985년, 그린란드를 발견했다. 뿐만 아니라 1000년경에는 30여 명의 바이킹 전사들과 함께 콜럼버스보다 500년 먼저 아메리카 대륙을 발견했다. 그

아일랜드(좌)와 캐나다(우)에
있는 레이프 에이릭손의 동상

린란드는 북극해에 위치해 있으며, 원주민이 살고 있는 섬으로 한때는
덴마크의 영토였으나 지금은 자치국가가 되었다. 레이프는 까마귀를
사용하여 항해를 했다. 망망대해에서 까마귀를 공중으로 날려 보내면
시력이 어마어마하게 좋은 까마귀는 육지를 향해 날아간다. 육지가 없
으면 빙빙 허공을 돌다 치쳐 할 수 없이 배에 내려앉는다. 이와 같은
방법으로 레이프와 선원들은 그곳이 아메리카라는 사실도 모른 채 신
대륙에 도달했다. 그들은 자기들이 발견한 새로운 땅에서 한 해 겨울을
보낸 후 그린란드로 귀환했다. 그러나 다음 해에 다시 그곳에 갔다가
일행의 대부분이 토착 원주민들의 공격에 직면하게 된다. 분쟁의 발단
은 아주 사소한 문제였다. 이 당시만 해도 캐나다 북부는 경제성이 없
는 얼어붙은 땅일 뿐이었기 때문에 군이 정복할 필요는 없었다. 원주민
들을 발견한 레이프 일행이 놀라 원주민을 사살하게 되었고, 이에 분노
한 원주민들이 레이프 일행을 공격했다. 원주민 살해 사건이 일어난

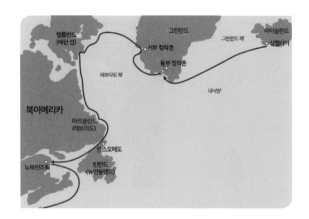

레이프 에이릭손의
탐험경로

후, 레이프 일행은 원주민들에게 침략의 의도가 없다며 선물을 주며 화해를 시도했다. 그러나 이미 때는 늦었고, 그 이후 다시는 그곳에 가지 않았다. 레이프 일행이 머물렀다는 땅은 현재의 캐나다 북서부인 뉴펀들랜드이다. 실제 이곳에 위치한 랑스 오 메도(L'Anse aux Meadow)라는 마을에서 아이슬란드나 그린란드에 남아 있는 스칸디나비아식의 건축물과 함께 바이킹의 문화로 보이는 금속 핀과 물레로 감은 실, 철제 무기나 그릇을 만들었던 대장간의 흔적 등이 발굴되었다. 우리가 일반적으로 알고 있는 상식과는 달리 '최초로 아메리카 대륙을 발견한 탐험가'라는 의미에서 미국과 캐나다에는 레이프 에이릭손의 동상이 여러 군데에 있다.

4. 십자군 전쟁(1095~1291): 기독교의 성지 예루살렘을 되찾자!

십자군 전쟁은 중세 1095년부터 1291년까지 장장 200년 간 예루살렘의 지배권을 놓고 이슬람교 세력과 기독교 세력이 벌인 전쟁이다. 물론 200년 동안 계속해서 전쟁을 한 것은 아니다. 쉬었다가 싸우기를 반복했다. 한번 떠나면 10년 이상 걸리는 전쟁을 무려 7차례나 수행했다. 그러니 준비하고 뒷정리하는 것까지 계산하면 유럽인들은 200년 내내 전쟁을 한 것이나 다름없다. 농사를 지을 수 있는 일손이 부족해서 삶은 더 황폐해지고, 사람들은 병으로 죽어갔다.

• 바이킹이 물러가니 이슬람교도가 쳐들어오다

중세 유럽에는 뚜렷한 강대국이 없었다. 로마제국이 무너지고 지중해 동쪽의 동로마제국과 서쪽의 서로마제국으로 분열되었다가 서로마제국이 먼저 멸망했다. 남은 동로마제국도 무늬만 제국일 뿐, 이빨 빠진 호랑이였다. 종교적으로도 분열되었다. 서로마지역은 여전히 로마

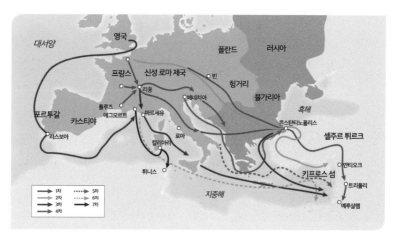

십자군 원정

세계인의 유명한 관광지인 알람브라 궁전은 스페인의 남부 지중해와 가까운 도시 그라나다에 있다. 이 건축물은 아랍 군주의 대저택이었다. 셀주크 지배 시기의 막바지에 지어졌다. 초기에는 기독교 건축 양식이 아니라 완전한 이슬람 건축이었지만, 이후 기독교가 이 지역을 완전히 탈환하면서 이슬람 양식은 의도적으로 지워지고, 기독교 건축 양식이 가미되었다. 그 이후, 르네상스 시대가 도래하면서 미술작품으로 궁전을 장식하는 등 유럽의 역사가 순차적으로 덧씌워졌다. 이런 다문화 조합이 오히려 더 신비롭고 이국적인 느낌을 발산한다. 스페인의 작곡가 프란시스코 타레가(francisco tarrega 1852~1909)의 유명한 기타 곡 〈알람브라 궁전의 추억〉이 있다.

알람브라 궁전의 모습과 내부에 남아 있는 이슬람 문화의 흔적

교황청을 중심으로 한 가톨릭의 영향력 아래에 있었으나, 동로마지역은 그리스정교를 믿었다. 당시 유럽은 바이킹에 의해 유린당한 지 얼마 지나지 않은 시점이었는데, 정신을 차릴 겨를도 없이 이슬람제국인 셀주크에 의해 거의 정복되다시피 했다.

교황청은 유럽의 단결을 호소하며 십자군 전쟁을 시작했다. 군주와 영주들은 할당된 수의 농민을 징발했고, 종교적 믿음이 강한 자들은 십자군에 자원했다. 십자군의 대부분은 잘 훈련된 군사가 아니었기 때문에 대규모 군대를 파견했지만, 원정의 결과는 매번 실패였다. 또한 많은 농민들이 전쟁터로 나가면서 농사를 지을 사람이 부족해지고 농촌은 점점 황폐해져갔다. 그럼에도 전쟁이 지속된 이유는 무엇일까? 아무리 종교가 사회를 지배하고 있다고 해도, 자발적인 신심만으로 그 이유를 설명하기는 힘들다. 내막은 좀 더 복잡했다. 예루살렘을 회복하자는 것은 농민을 자극하기 위한 감정적 호소였고, 속을 들여다보면 교황청과 군주, 영주가 결탁하여 자기들의 이익을 위해 농민을 전쟁으로 내몬 것이었다. 이 불가사의한 전쟁을 설명하기 위해 많은 학문적 추론이 필요하다.

- 일부러 인구감소를 유도했다?

종교의 광기가 지배하는 중세의 서유럽은 이미 무기력했다. 농업기술이 낙후되어 군주나 영주는 이미 자기 영지의 농민과 노예를 먹여 살리기도 힘들었다. 미미한 기초수급체계를 유지하기조차 힘들었던 것이다. 그 이유로 의도적인 인구감소를 유도하기 위해 종교를 활용했다.

• 서로마와 동로마는 교회의 모양부터 다르다!

성베드로 성당

성바실리 성당

가톨릭의 서유럽과 그리스정교의 동유럽의 교회는 사뭇 다른 분위기를 풍긴다. 시대에 따라 다른 양식이기는 하지만, 일반적으로 가톨릭 성당은 하늘로 치솟은 첨탑을 자랑한다. 대리석의 차가운 질감이 그대로 드러난다. 이에 반하여 그리스정교(동방정교회)의 교회는 탑에 동그란 모자를 씌운 듯 동화 속의 모양이다. 거기에 금색을 칠하거나 알록달록한 색을 입히기도 한다.

• 로마 교황청의 패권적 야심?

교황청은 예전처럼 유럽전체를 호령하지 못했다. 동서로마로 분열되면서 그리스정교를 믿는 동로마제국은 더 이상 서유럽만을 관장하는 교황청의 권위를 받아들이지 않았다. 반대로 자기들이 옛 로마제국을 계승한다고 주장했다. "기독교 의 옛 영광을 되찾자!"는 것을 구실로 교황청은 서유럽의 군주나 영주를 규합하고, 동로마제국의 권위확장을 견제하기 위하여 종교전쟁을 주도했던 것이다.

• 영주들의 재산을 **빼앗기** 위하여?

영주들은 자신들의 농노를 이끌고 십자군 전쟁에 참여하면서, 교황청에 자기 영지의 관리를 위탁했다. 교황청의 체계는 일사분란하다. 교황, 교구, 교회, 수도원으로 사제의 체계가 거미줄처럼 뻗어있고, 그 거미줄을 중심으로 평신도에 이르는 체계가 군대 같았다. 이렇게 중세의 기독교는 국가 공무원체계보다 더 잘 조직화되어 있었다. '나는 이 성스러운 전쟁에 나가며 나의 영지를 교황청에 위탁하노라.' 전쟁에서 죽는다면 당연히 서류상으로는 아들에게 상속되지만, 영지 경영의 이익은 교황청에 귀속된다. 이렇게 실질적인 소유를 하게 된다.

• 공을 세우면 신분상승이 가능하다?

십자군에는 유독 빈민, 부랑자 등의 지원자가 많았다. 교황청은 그들에게도 공을 세우면 이익을 떼어주고 신분 상승이 가능하다는 믿음을 주었다. 희망이 없는 민중은 어차피 굶어죽을 바에야 전쟁에 나가 죽어서 자손이라도 잘 살게 되기를 바랐다.

• 그러나 결과는 참담했다!

십자군 전쟁은 유럽의 영광을 되살리자는 교황청의 의도와는 정반대의 결과를 낳았다. 죽기 살기로 싸웠지만 패함으로써 신이 유럽인을 버렸다는 회의감 속에서 기독교로부터의 이탈자가 늘어났다. 대규모 노동력의 이탈로 인하여 영지의 관리는 실패하고 경제가 무너져버렸다. 이슬람의 문화는 미개한 것이 아니라 유럽보다 찬란하다는 충격을 받았다. 세련된 생활양식과 발달된 과학기술이 역으로 이슬람권에서 유럽으로 전파되었다. 고로 가톨릭의 교황청이나 그리스정교의 동로마 모두 얻은 것보다는 잃은 것이 훨씬 많았다. 가장 심각한 피해는 흑사병의 창궐로 수천 만 명이 사망하면서 결국 중세 유럽이 끝났다는 사실이다.

5. 몽골 타타르의 아시아 유럽 정복(1240~1480) : 인류 역사상 가장 큰 제국이 탄생하다

• 유럽, 세 차례에 걸친 연이은 수난

13세기 무렵 몽골초원에 구심점 없이 흩어져 살던 몽골족은 부족의 통일을 이루었다. 이후 그들은 동남쪽으로는 중국, 고려, 동남아시아의

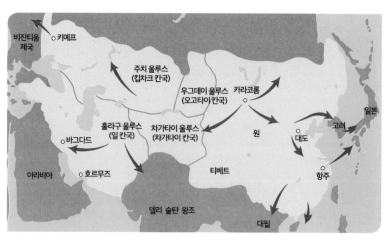

몽골제국 전성기의 영토

일부 지역을 정벌하고, 서쪽으로는 티베트, 파미르, 중앙아시아에 이르는 대제국을 건설한다. 바이킹의 유럽 유린과 마찬가지로, 몽골족의 침략도 딱히 경제적 이득만을 위한 전쟁이 아니었다. 이 시기의 침략 전쟁은 단지 팽창을 위한 팽창의 욕망과도 같이, 이교도나 다른 지역에 대한 무조건적인 제압이 목적이었다. 그 넓은 땅덩어리를 몽골족이 직접 통치하는 것은 사실상 불가능했다. 몽골족의 인구는 최대치로 잡아도 200만 명을 넘지 못했다. 그들은 정복한 곳을 현지의 우두머리에게 이권을 주어 대리통치하고, 그들을 대 몽골제국의 일원으로 대우하면서 용병으로 쓰는 방법을 택했다. 이렇게 그들은 많은 민족을 정복하고, 또 몽골제국의 일원으로 받아들였다. 몽골제국은 연이은 정복으로 번영을 누렸지만, 다른 한편으로는 잔인함을 과시했다. 이 몽골제국의 대표적인 종족이 중앙아시아에 살던 타타르 족이었다. 그래서 보통은 '타타르의 유럽 침략'이라고 역사책에 기술된다. 타타르 군대는 러시아, 우크라이나를 불바다로 만든 다음 서유럽과 북유럽을 향해 나아갔다. 저항하는 국가나 민족들을 향해 그들은 자신들의 용맹함을 과시하기 위하여 닥치는 대로 잔인하게 죽이고 약탈했으며, 더 이상 사람이 살아갈 수 없도록 도시에는 불을 질렀다. 약탈과 파괴 외에는 어떤 목적도 없는 것처럼 행동했다. 이와 같은 행위는 당시 몽골제국이 정복했던 광활한 영토를 통치할 수 있는 능력이 없었기 때문이기도 했지만, 한곳에 정착해서 살아가는 방식에 익숙하지 않은 유목 민족의 특성이 반영된 것으로 보인다. 결과적으로 유럽인들은 바이킹, 이슬람의 침략에 뒤이

양쪽 모두 잔인한 약탈자였지만, 이들의 현재 위치는 극과 극이라 할 수 있다. 이들에 대한 평가는 이런 상황이 고스란히 반영되어 이루어진 것일 뿐이다. 타타르는 자기 나라도 없이 중앙아시아 여기저기 흩어져 사는 민족이고, 몽골은 소련과 중국의 속국처럼 존재하다가 현대에 와서야 간신히 독립국이 되었다. 이와 달리 스칸디나비아의 노르웨이, 스웨덴, 핀란드는 세계 최고의 복지국가를 건설했다. 또한 바이킹의 이미지를 개선해 자신들의 식민지 침략을 정당화하는 데 활용했던 영국이나 게르만 민족과 바이킹의 우월성을 활용했던 독일은 세계 최고의 선진국이 되었다.

어 몽골 타타르에 의해 다시 한 번 공포에 떨어야 했다. 거의 500년 동안 지속된 공포의 시대였다.

• 유럽에 복수의 희망이 싹트기 시작하다

그러나 인류의 흥망성쇠는 돌고 도는 것이어서, 폐허 속에서 유럽의 르네상스 시대가 열리고, 과학기술이 발전하면서 세계를 탐험, 정복하는 대항해의 시대가 열린다. 그리고 동서양을 호령했던 몽골제국은 영광을 뒤로하고 황무지의 초라한 부족으로 물러난다.

02 | 이런 잔인한 시대에도 타문화에 대한 호기심에서 비롯된 탐험이 있었다

동방에서는 불교가 태동한 인도와 티베트에 대한 관심이 지대했다. 종교 때문에 서로 반목하고 대립했던 유럽과는 달리 동방에서는 불교의 원리를 깨닫고 새 경전을 들여오기 위하여 고난의 여행을 하기도 했다. 파미르 고원, 티베트고원, 히말라야 산맥(네팔과 부탄), 힌두쿠시 산맥(중국과 파키스탄, 인도의 국경)은 지금도 걸어서 넘는 것이 거의 불가능하다. 당시 그곳을 넘어 인도에 간다는 것은 죽음을 각오하는 불가능한 모험이었다.

1. 현장법사(602~664): 죽더라도 나는 가보고 싶다!

627년, 당나라의 승려 현장은 아무도 생각하지 못하는 모험에 나선다. 목적지인 인도까지 가는데 대략 5년이 걸렸다. 그는 인도의 바르다

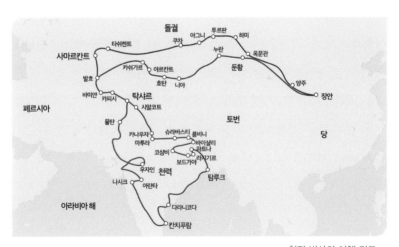

현장 법사의 여행 경로

우리는 '승려의 여행기'이기 때문에 어떤 기대를 갖는다. 그러나 《대당서역기》에 기록된 내용 중에 긍정적인 부분은 찾아보기 어렵다. '이 나라 인간은 무식하고 새까맣다.', '저 나라 인간은 영양 실조 걸린 것처럼 희멀겋고 험담만 한다.', '키가 난장이처럼 작다.', '눈이 파여 있고 간사하다.', '성이 문란하다.', '사는 환경이 더럽다.' 등 너무하다 싶을 정도로 악담이 많다. 당시에 가난한 승려가 몇 년이나 도보로 여행한다고 생각해보자. 도둑과 강도 만나고 허름한 곳에서 숙식을 해결하면서 거지와 다름없는 생활을 했을 것이다. 무엇 하나 좋게 보일 리가 없었을 것이다. 아무리 선한 목적을 가지고 간다 하더라도 이것이 솔직한 감정이 아니었을까? 그리고 바로 그 점이 당시의 풍습과 삶에 대한 생생한 자료가 되었다.

나 왕국에 도착하여 불교를 연구하고 인도 전역을 돌며 수학한다. 그리고 641년, 불교 경전과 불상을 가지고 귀국길에 오른다. 다시 힌두쿠시 산맥과 파미르 고원의 두 험로를 넘어 645년, 대환영을 받으며 당나라의 수도인 장안으로 돌아왔다. 장장 20년의 여행이었다. 현장은 이 경험을 바탕으로 《대당서역기》라는 책을 썼다. 이 책은 그 당시 인도로 가는 길에 들른 많은 나라의 풍습에 관한 귀중한 자료가 된다. '대당서역기'라는 제목은 당나라에서 서쪽 지역인 인도까지의 여행 기록이란 뜻이다.

• 《대당서역기》의 솔직함, 《서유기》의 모태가 된다

《서유기》에 등장하는 삼장법사 일행의 모습

　현장법사의 《대당서역기》는 미지의 세계, 신비의 세계, 부처님의 세계를 향한 모험기였다. 너무나 재미있는 이야기여서, 이를 바탕으로 《서유기》가 나온다. 《서유기》는 현장법사가 인도를 다녀온 지 거의 900년이 흐른 명나라 시대에 나온 판타지 문학작품으로 손오공, 사오정, 저팔계가 삼장법사를 모시고 온갖 기상천외한 모험을 하면서 인도에 가서 부처님의 경전을 구해온다는 내용이다. 《반지의 제왕》만큼 재미있다.

2. 혜초(704~787) : 인도에 간 신라인

　혜초는 719년, 신라 성덕왕 18년, 당나라에 공부하러 가 인도의 승려 금강지에게서 불교의 교리를 배운 승려였다. 당시 당나라는 중국 역사에서 최대 부흥기로 가히 세계의 중심이었다. 세계 여러 곳에서 당의 선진 문물을 배우기 위해 모여들었다. 혜초는 인도뿐만이 아니라 중동

혜초

지역인 페르시아의 40여개 나라를 여행하고 돌아와 《왕오천축국전》이라는 기행문을 남겼다. 이때가 727년 성덕왕 26년의 일이었다. 책의 제목은 천축국에 다녀온 기록이라는 의미이고, 천축국은 인도를 경배하는 표현이다. 당시 인도여행은 승려들에게 성지순례 같은 것이었다. 혜초는 787년 중국의 오대산 건원보리사라는 절에서 입적했다. 혜초뿐만 아니라 많은 승려들이 인도를 다녀왔지만, 혜초가 가장 유명한 인물로 추앙받는 이유는 그의 기행문인 《왕오천축국전》이 1908년 돈황의 석굴에서 유럽의 고고학자에 의해 발견되었기 때문이다. 그러나 안타깝게도 파손되어 일부밖에 전해지지 않는다.

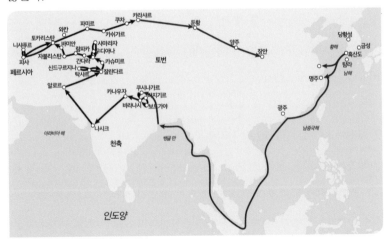
혜초의 서역 기행 경로

현장의 《대당서역기》와 마찬가지로 《왕오천축국전》에도 어떤 지역의 풍습을 경시하는 표현이 많다. 한 예로 손으로 밥을 먹는 인도인들을 보고 야만인들이라고 비하하는 장면을 들 수 있다. 혜초 역시 가난한 승려였고 여행 과정이 험난했기 때문일 수도 있다. 하지만, 무엇보다 당시 세계의 중심이 당나라라는 관념에 사로잡혀 당나라를 기준으로 보고 판단했기 때문일 것이다. 그런 혜초가 인도에 간 것은 단지 인도가 불교의 성지였기 때문이다.

3. 마르코 폴로(marco polo, 1254~1324) : 인생은 요지경! 역사도 요지경!

• 모험을 하기는 했다

마르코 폴로(marco polo)는 1271년, 15살 때 상인인 아버지와 작은 아버지를 따라 원나라로 여행을 떠난다. 어떤 사연인지는 밝혀진 바가 없으나, 17년 동안은 원나라의 관리로 일했고, 나머지 기간 동안은 자유롭게 여행하면서 중국 각지를 돌아다녔다. 그리고 1292년 21년 만에 고향으로 돌아왔다. 그런데 많은 것이 미스터리하다. 《동방견문록》에는 마르코 폴로의 행적이 분명하게 기록되어 있지만, 정작

마르코 폴로

원나라의 기록엔 마르코 폴로의 이야기가 하나도 없다. 그는 어디서 무엇을 한 것일까? 더구나 서양인으로서는 충분히 놀랐을만한 만리장성이나 중국인의 전족 풍습 같은 것에 대해서는 언급조차 없다. 전족 풍습이란 여자 아이의 발을 꽁꽁 묶어서 발의 성장을 억제하는 것이다. 그러나 반대 의견도 있다. 당시에 만리장성은 폐허가 되어 별로 남아 있는 곳이 없었고, 만리장성이 지금과 같은 모습으로 새롭게 축조된 것은 명나라 때의 일이라는 것이다. 또한 원나라는 몽골이 세운 나라이고, 마르코 폴로는 몽골인이나 거란족을 많이 만났기 때문에 한족의 풍습인 전족을 모를 수도 있다는 것이 반대편의 주장이다. 그러나 이것은 왠지 궁색한 논리로 보인다. 마르코 폴로는 21년 동안이나 그곳에 머물면서 17년을 관리로 일했다고 했다. 그 기간 동안에 비록 폐허가 되었다고 하더라도 만리장성을 보았다면 그 웅장함에 혀를 내둘렀을 것이고, 한족의 풍습이라도 그렇게 오랜 기간 동안 전족을 보지 못했을 리도 만무하다. 또한, 중국의 기록에 그의 이름이 없다는 것도 찬반이 갈린다. 워낙 외국인 관리가 많아서 특별한 경우가 아니면 기록이 없을 수도 있다는 의견과 이탈리아 사람이라는 희소성을 무시할 수 없다는 반대 의견이 그것이다.

• 아예 가지도 않았다?

마르코 폴로의 생전에도 그가 중국에 가지 않았다는 소문이 돌았다. 그리고 현대의 학자들 중에도 그런 주장을 펼치는 사람들이 있다. 이탈

• 아직도 유럽의 학계에서 논쟁중인 마르코 폴로에 대한 진실

사기의 기술? 상상의 책? 어쩌면 우리는 《동방견문록》이라는 유명한 책에 대해 잘 못 알고 있는지도 모른다. 문헌 학자들의 주장은 이렇다. 《동방견문록》은 이탈리아 베네치아 공국의 탐험가인 마르코 폴로가 동양을 여행하고 쓴 것이 아니다. 그는 유명한 가문의 아들로서 단지 상인인 아버지를 따라 중국 원나라에 놀러갔다가 돌아왔을 뿐이다. 그는 주저리주저리 보고 들은 것을 대충 떠들었고, 글 잘 쓰는 사람이 그를 대신해서 그럴싸하게 집필해 주었다. 여기까지는 인정할 만하다. 전기를 대신 써주는 작가라는 직업이 존재하기 때문이다. 실제로 유명인의 회고록은 대부분 작가들이 썼다. 그런데 이마저도 아니라면? 더 신랄한 주장을 들어보자. 그는

빈둥거리는 것 외에는 관심이 없었다. 여행을 다녀도 먹고 자는 것 외에는 관심이 없는 사람들이 있다. 《동방견문록》은 직접 여행을 한 것치고는 그 당시 중국에 대한 사실적 묘사가 드물다. 그래서 그가 직접 경험한 것이 아니라, 가지도 않고 여기저기서 들은 풍문을 떠든 것이라는 주장도 있다. 더더욱 심한 주장은, 그 책은 마르코 폴로와는 아무 관계가 없고, 누군가가 유명한 가문의 자손인 마르코 폴로의 이름만을 빌린 것이라고도 한다. 책의 판매를 위한 상호 계약이라는 것이다. 작가가 이름 있는 사람이어야 책이 팔리는 것은 예나 지금이나 비슷하다. 허풍이 심한 이탈리아 사람들의 기질로 보아 충분히 가능한 일이다. 도대체 무엇이 진실일까?

• 베네치아 공국은 뭐지?

이탈리아는 통일되지 못하고 작은 도시 국가로 분열되어 있었다. 베네치아 공국은 베니스를 기반으로 한 도시 국가를 말한다. 이때 공국의 실세는 왕이 아니라 유력한 가문들이었다. 가문들은

주도권을 쥐기 위해 서로 싸우고 양보하지 않았다. 마르코 폴로도 그런 가문 출신이었다. 로미오와 줄리엣의 사랑 이야기도 라이벌이었던 두 가문에서 태어난 남녀의 비극이다.

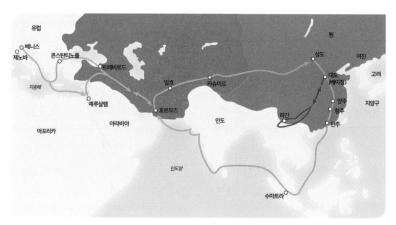

마르코 폴로의 여행 경로

리아의 한 역사학자는 마르코 폴로가 갔던 곳은 후하게 잡아도 겨우 흑해 근처일 것이라고 말한다. 흑해는 지중해에서 터키 해협을 지나면 바로 갈 수 있는 바다이고 베니스의 상인들이 교역을 위해 빈번하게 갔던 곳이다. 서쪽으로는 우크라이나 터키, 동쪽으로는 중앙아시아로 연결된다. 마르코 폴로는 흑해 근처에서 해수욕을 즐기면서 그곳에 교역하러 오는 페르시아(이란) 족, 중앙아시아의 타타르족이나 몽골족을 통해 중국에 대해 이것저것 흥미로운 사실들을 아주 피상적으로 들었고, 그것을 현장에서 본 것처럼 기록했다고 주장한다. 그래서 《동방견문록》에 중국어라고 기록한 어휘들 중에 페르시아어가 많다는 것이다. 한 중국학자는 더욱 냉소적으로 말한다. 마르코 폴로는 가족 휴양지가 있는 터키의 이스탄불에 머물면서 여행자들과 담소를 나누었을 뿐이라는 것이다. 더 심하게 야유를 퍼붓는 사람은 흑해나 터키는커녕, 베네치아 주변 별장에서 은신했다고 한다. 그러나 또 다른 중국 연구가는 그가 중국에 간 것은 사실이라고 주장한다. 원나라 화폐의 비밀스런 특성에 대한 묘사나 소금의 제조방법과 주요 생산지 등이 정확히 일치한다는 것이다. 그러나 이것 역시 마르코 폴로가 중국에 갔다는 주장의 확실한 근거가 될 수 없다. 그 이야기를 누군가 해주었을 수도 있기 때문이다. 또한 《동방견문록》에는 사실에 대한 정확한 기록보다 허황된 기록들이 훨씬 많다. 모든 것을 종합해보면 그는 가지 않은 쪽으로 무게 추가 기운다. 심지어 중국의 산속에는 듣도 보도 못한 크기가 아기공룡만한 괴상한 새와 뿔이 달린 말이 있는 것을 보았다고 썼는데, 아직껏 그런 동물은 발견되지 않았다.

• 그럼 왜 베스트셀러가 되었을까?

• 유럽판 무궁화 꽃이 피었습니다!

유럽 아이들의 술래잡기 놀이에 '마르코! 폴로!' 라는 것이 있다. 술래는 '마르코!'라고 하며 눈을 가리고, 나머지 아이들은 '폴로!'하고 숨는다. 마르코 폴로가 아주 흔한 이름이기에 이 놀이에서 작가의 이름이 연유되었다는 것은 지나친 비약이지만, 왠지 그 정체를 숨긴 거짓말쟁이를 찾는 것이 아닐까 하는 생각이 묘하게 드는 것도 사실이다. 실제로 마르코 폴로는 거짓말의 달인이어서 가족들이 진절머리를 쳤다고 전해지기도 한다.

《동방견문록》이 베스트셀러가 된 이유는 황당한 이야기가 동양에 대한 사람들의 호기심을 자극했기 때문이 아닐까 싶다. 사람들이 아프리카에 대해 잘 모를 때인 수십 년 전까지만 해도 '밀림의 왕자 타잔'이 실제로 존재한다고 믿었다. 아마도 그래서 《타잔》이라는 프로그램이 한국뿐 아니라 전 세계적으로 인기를 끌었을 것이다. 솔직히 말해서, 백인 아기를 발견한 사자가 젖을 먹여서 아기를 키우고, 계속해서 같이 살아간다는 게 말이 되는가. 중요한 것은 사람들은 사실이나 진실에 열광하지 않는다는 점이다. 사람들은 자기의 호기심을 자극하는 것에 열광한다. 그 이야기가 전해 들은 것이든, 상상한 것이든, 그럴듯하고 재미있으면 된다. 《동방견문록》은 원본이 없다. 금속활자는 훨씬 뒤에 발명되었고, 일일이 손으로 써서 팔았다. 그러니 부유한 사람들에게만 아주 고가에 팔렸다. 《동방견문록》은 유럽 여러 나라 언어로 번역되어 유럽의 베스트셀러가 된다. 이런 번역과 필사의 과정 역시 재미를 유발하기 위해 과장과 허구가 더해지는 기회가 되었을 것이다.

4. 이븐 바투타(ibn battuta, 1368~1369): 만수르? 돈이 많아 몸이 편하면 모든 것이 좋아 보인다!

이븐 바투타는 아프리카 모로코의 탐험가이나 본업은 돈 많은 갑부 순례자이다. 본명은 아부 압둘라 무함마드 빈 압둘라 알라와티 아탄지 빈 바투타이다. 그는 1325년 마르코 폴로와 비슷한 시기에 21세의 나이로 모험을 떠나 24년이 지난 1348년에 고향으로 돌아왔다. 그는 3

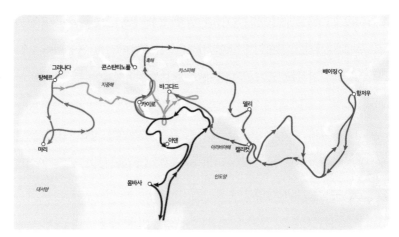

이븐 바투타의 여행 경로

대륙 10만 킬로미터를 여행했는데, 그 목적이 교역을 하기 위해서가 아니라, 인생을 재미있게 보내기 위해서였으니 진정한 의미의 순수 여행가라고 볼 수 있다. 인도의 독립운동가이자 정치인이었던 네루는 자신의 책 《세계사편력》에서 이븐 바투타를 역사상 가장 위대한 여행가로 칭찬했다. 이븐 바투타는 고향으로 돌아와 《여러 도시의 놀라움과 여행의 경이로움을 열망 하는 자들에게 주는 선물》이라는 책을 썼는데, 제목에서 나타나듯이 오늘날의 여행 수필 같은 느낌을 준다. 그는 타국 사람들의 삶의 모습을 사실적으로 묘사하고 자신의 감상을 적었는데, 대부분이 좋고, 놀랍고, 칭찬일색이다.

• 금수저의 세계일주

이븐 바투타는 1304년 모로코의 부유한 법학자 집안에서 태어났다.

1325년, 21세가 되어 종교적 통과 의례로 메카를 향해 순례를 떠났는데 곧바로 집으로 돌아오지 않고 유람을 시작했다. 또한 집안의 권위로 왕의 사신을 겸하여 아라비아, 중앙아시아의 초원의 나라들, 터키의 콘스탄티노플(현재의 이스탄불), 동아프리카, 인도 남부, 스리랑카 섬, 동남아시아, 중국을 거치는 장대한 여행을 하는 특권을 누렸다. 마르코 폴로가 중국에 갔다는 것은 사실인지 아닌지 불분명하지만, 이븐 바투타의 중국방문은 그의 여행기에 묘사된 사실들로 증명된다. 물론 오해를 불러일으키는 부분도 있지만, 마르코 폴로처럼 중국에 용이 실제로 살고 있다는 등의 황당한 내용은 없다.

혜초의 《왕오천축국전》이나 현장의 《대당서역기》와는 왜 이렇게 다를까? 당나라 시대의 혜초나 현장은 승려이면서도 현지에 대한 좋지 않은 감정을 드러내는 것을 주저하지 않았다. 그럼 이븐 바투타는 심성이 고운 사람이고, 현장과 혜초는 사납고 까다로운 사람일까? 그 것보다는 이븐 바투타의 여행은 안락하고 편안해서 새로운 풍속과 문화를 긍정적인 시선으로 바라볼 수 있었기 때문일 것이다. 혜초나 현장의 여행이 고난의 무전여행이었다면, 이븐 바투타의 여행은 마차를 타고 가며 맛있는 것 먹으면서 호텔에 투숙한 안락한 여행이었다.

• 알고 보니 이중인격자?

이븐 바투타는 자기를 잘 대접해주는 곳은 나쁜 풍습도 좋게 쓰고, 생각보다 대접이 시원찮은 곳에서는 좋은 것도 삐딱하게 썼다. 똑같은 음식을 두고서도 자신의 기분이 좋으면 그곳의 음식문화는 풍요롭고 진기하다고 쓰고, 자신의 맘에 들지 않으면 그곳의 음식문화는 더럽고 미개하다고 썼다.

04

근세의 탐험가들 :

팽창과 침략정복의 시대, 발견하면 내 땅이다!

서기 1400년~서기 1600년

: 개요

4세기부터 15세기까지 1,000년 이상 이어져온 암흑기라 불리는 중세시대가 끝난다. 농경지는 다시 복구되어 생산력이 늘어나기 시작했다. 종교적 광기에 대한 반성 아래, 유럽인들의 오랜 자부심이었던 고대 그리스 문명의 인간중심주의인 르네상스 문화가 꽃핀다. 미켈란젤로, 라파엘로, 다빈치 등의 위대한 예술가들이 등장한다. 루브르 박물관에 걸려있는 이 시기의 그림, 다빈치의 〈모나리자〉는 인간의 얼굴을 얼마나 아름답고 신비롭게 표현했는가? 삶이 여유로워지자 귀족을 중심으로 동방의 기호품, 특산품이 인기를 끈다. 그것을 거래하는 상인들이 생겨난다. 그러나 아직은 육로를 통해 거래하는 것이기에 품귀현상이 일었다. 부자가 된 상인은 부호가 되는 꿈을 꾼다. 어떻게 대량으로 값싸게 들여와 비싸게 팔 수 있을까? 아울러 선박 건조 기술이 발전하면서 대항해를 가능하게 하는 시대가 열린다. 이제 유럽 각국은 앞다투어 함대를 파견하여 무력으로 교역을 트고, 더 나아가 아예 식민지를 건설한다. 이 시기의 탐험은 경제적 필요와 팽창의 야욕이 함께 어우러진 것이었다. 이제 탐험은 미지의 땅에 대한 호기심 때문이 아니라, 미지의 땅을 지배하기 위한 것으로 목적이 바뀐다. 과학기술과 무기의 발달로, 아무리 먼 곳이라도 군대와 총독을 파견하여 통치할 수 있는 상황이 되었다. 더불어 탐험과 침략은 동전의 양면이었다. 이것은 유럽뿐만이 아니라 동양의 대국 중국도 마찬가지였다.

1. 정화(1371~1433) : 명나라 시대의 환관. 현대 중국 일대일로 정책의 선구자

• 논란

정화의 조상은 이슬람 사람이었으나 명나라에 끌려와 중국에서 정착했다. 정화는 1405년부터 1430년까지 7차에 걸쳐 대함대를 이끌고 인도 아프리카 항로를 개척했다. 무려 7회에 걸쳐 이루어진 대원정은 항해 거리만 200,000km에 이른다. 조공을 바치는 나라를 늘리기 위한 목적이었다고 알려져 있다. 서양의 대항해 보다 먼저 수행된 대사건이다. 중국으로서는 서구 중심의 세계관을 조롱하기 위해 거론하는 자랑할 만한 일이고, 서구의 관점에서 보자면 아니꼬운 사건이며 가능하면 '전설' 쯤으로 폄하하고 싶은 업적이다. 국가 홍보용으로 사용되면 언제나 과장되기 마련인 바, 중국은 유럽인들보다 먼저 아메리카를 발견했다고도 주장한다. 심지어 세계일주를 했다고도 주장한다. 다만 이와 관련해서 남겨진 기록은 없다. 또한 오스트레일리아 항로를 개척했다고도 하는데, 이것은 어느 정도 추정 가능한 기록이 있다. 오스트레일리아 원주민이 중국에 와서 상품을 가져갔다는 기록이 남아 있기 때문이다. 그리고 동남아의 인도네시아는 분명히 갔으니 그곳에서 가까운 오스트레일리아까지 항해하는 것은 어렵지 않았을 것이다. 아무튼 시기적으로나 규모면에서나 유럽의 대항해보다 앞서 있거나 비슷한 것은 사실이다. 동아프리카의 소말리아, 탄자니아 등과 아라비아까지 항해한 것은 분명한 사실로 보인다.

• 악용

정화의 해외원정은 현대 중국이 남중국해의 섬들을 자기 땅이라고 주장하는 근거로 활용되고 있다. 남중국해에는 바위섬이나 무인도가 산재해 있고, 일본, 대만, 필리핀, 베트남, 인도네시아는 서로 그 주변을 자국의 바다라고 주장하고 있다. 중국은 함대의 이름도 정화라고 짓고, 역사적으로 자기들의 바다였다고 주장한다.

• 일대일로(一帶一路)가 뭐지?

일대일로

일대일로는 중국이 미국과 겨루는 초강대국을 꿈꾸며 추구하는 정책이다. 일대(一帶)는 하나의 띠, 벨트라는 뜻이며 일로(一路)는 하나의 길이라는 뜻이다. 합쳐 말하면 바다 길과 육상의 길로 중국이 뻗어나간다는 의미가 된다. 실크로드의 개척자인 장건과 바다 길의 개척자인 정화가 상징적 인물로 거론된다. 중국의 자랑이자, 은근한 침략적 본성을 나타내는 정책이기도 하다. 정화가 아프리카까지 간 것처럼, 현대의 중국은 아프리카를 거의 집어 삼키고 있다. 미국이 툭하면 중국을 흔드는 것도 이런 두려움 때문이다. 그렇지 않다면 긴장을 조성할 필요가 없다.

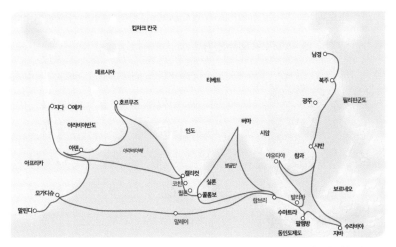

정화의 대원정 경로

• 의문

명나라 시대에 이미 중국이 대항해의 능력을 가지고 있었다면, 왜 유럽의 포르투갈이나 스페인처럼 해외에 식민지를 건설하지 않았을까? 그 이유는 중국이 너무 큰 나라였기 때문이다. 그들은 중국 대륙만 다스리기에도 벅찼다. 중국은 워낙 인구가 많고, 물자가 풍부하여 국제 무역에 중요성을 부여하지 않았다. 또 북쪽 오랑캐의 침입을 막는 것이 급선무였기 때문에 해외에 영토를 두고 통치하는 것에 매력을 느끼지 못했다. 스페인, 프랑스, 영국을 작은 나라라고 할 수는 없겠지만, 중국에 비할 정도는 아니었다. 더구나 포르투갈이나 네덜란드는 프랑스, 스페인, 영국보다 작은 나라이다. 그들은 해외 영토와 물자를 확보하는 일에 혈안이 될 수밖에 없었다.

2. 크리스토퍼 콜럼버스(christopher columbus, 1450~1506) : 양파껍질처럼 벗기면 벗길수록 의혹이 나오는 인물!

CHRISTOFEL COLONUS

크리스토퍼 콜럼버스

크리스토퍼 콜럼버스는 1450년 이탈리아의 제노바에서 태어났다. 이탈리아인이었지만, 고국에서는 별 대접을 받지 못했다. 그는 포르투갈로 이주했고, 1484년 포르투갈의 주앙 2세에게 대서양 항해를 하자고 요청하였으나 거절당했다. 그는 다시 스페인으로 건너갔고, 그곳에서 정치적인 수완을 발휘하여 대항해에 나설 수 있었다. 처음에는 스페인의 이사벨 여왕이 허락하지 않았다. 콜럼버스의 요구가 지나치게 무리한 것이었다. 예를 들면 발견한 땅의 경제적 이권을 많이 배분해 달라는 것이었다. 그는 교회에 왕을 설득하도록 요청한다. 스페인 교회세력은 포르투갈의 교회와 경쟁관계에 있었다. 교회는 더 넓은 선교지와 많은 신도를 확보하기 위해 왕을 설득하여 허가를 얻어냈다. 드디어 1492년 8월 3일, 그의 나이 39세에 2척의 함선을 이끌고 대탐험을 나선다. 그리고 인류 최초로 신대륙을 발견한 위대한 인간이라는 타이틀을 얻었다. 1차 항해가 끝나고 돌아와 이번에는 1493년 9월 24일, 금광을 캐는 인부들과 기술자들을 싣고 2차 항해에 나선다. 이와 같은 배경으로 인해 콜럼버스의 신대륙 발견을 기념하는 날이 되면 이탈리아와 스페인은 콜럼버스를 서로 자기 나라 사람임을 주장하며 논쟁을 벌인다. 한쪽은 태어난 곳이 고향이라고 주장하고, 한쪽은 활동한 곳이 고향이라고 주장한다. 물론, '국적은 불변이다.', '이중 국적자다.', '콜럼버스는 기회주의자이다.'라는 등의 논쟁은 그 당시의 복잡한 상황을 고려하면 적절하지 않아 보인다. 그 당시 이탈리아는 제노바 공국, 피렌체 공국, 베니스 공국 등으로 쪼개져 있었기 때문에 이탈리아라는 국가 개념이 없었다. 이처럼 해결되지 않는 애매한 문제들은 콜럼버스의 인생 전반에 깔려 있는데, 500년이나 지난 지금까지도 여전히 해결되지 않고 있다. 더욱 문제가 되는 것은 콜럼버스에 대한 학자들의 연구가 진행되면 될수록 그의 업적이 거짓과 속임수로 밝혀지고 있다는 사실이다. 그리고 콜럼버스의 업적 중에서 가장 중요한 신대륙의 발견이라고 하는 것도 사실은 사람들의 '오해'에서 비롯된 것이 아니라, 상당 부분 그가 조작하고 의도한 결과라는 것이다. 실제로 콜럼버스는 아주 긍정적으로 평가하더라도 아메리카라는 땅에 다녀온 탐험가 중의 한 명일 뿐이다. 그것은 인정해야만 하는 업적이자 불변의 진리이다. 그러나 화사하게 치장하는 껍질을 벗기고 원주민의 입장에서 콜럼버스를 냉정하게 평가한다면 '인디언 학살자'이자 침략자라고도 말할 수 있을 것이다.

• 콜럼버스에 대한 오해1

아메리카의 최초 발견자는 고대 인류다. 그들은 아프리카에서 출발하여 시베리아, 알래스카를 거쳐 아메리카 대륙으로 내려가 수만 년 전에 이미 아메리카 인디언으로 살고 있었다. 콜럼버스의 최초 발견이니 뭐니 하는 말 자체가 인디언을 무시하는 처사이다. 최초 발견자가 아니라 아메리카에 간 탐험가이다. 정확하게 표현하면 처음으로 아메리카 대륙에 도착한 유럽인이다.

• 콜럼버스에 대한 오해2

콜럼버스는 엄밀하게 말해서 아메리카에 도착한 최초의 유럽인도 아니다. 아메리카에 간 최초의 유럽인은 레이프 에이릭손 등의 바이킹 전사들이기 때문이다. 콜럼버스가 도착하기 500년 전의 일이다. 바이킹은 그곳에 갔으나 너무 멀고 별로 경제적 이득이 없어서 그냥 내버려두었다. 그리고 대항해의 시대에 이미 많은 유럽의 탐험가들이나 심지어 상인들조차 교역을 위해 그곳에 다녀왔다는 기록이 있다. 단지 그들은 그곳에 다녀왔다는 사실을 자신의 이익을 위해 활용하지 못했을 뿐이다.

• 콜럼버스에 대한 오해3

처음에 콜럼버스는 그가 도착한 곳이 인도나 중국 주변이라고 생각했다. 그곳이 인도나 아시아가 아니라 신대륙이라는 사실을 과학적으로 확신한 사람은 아메리고 베스푸치라는 탐험가이다. 아메리고 베스푸치는 자기 이름을 따서 신대륙을 아메리카라 칭했다.

• 콜럼버스에 대한 오해4

콜럼버스는 상상 이상으로 잔인한 사람이다. 우리는 원주민과 정복자 사이의 전쟁에 대해 서로 간에 싸움이 벌어지고 서로가 서로를 어쩔 수 없이 죽일 수밖에 없는 상황이라고 생각한다. 이를 유럽인의 관점에서 보면 살인은 불가피한 일이었기 때문에 웬만한 일들은 정당방위로 미화하거나 무시하면서 넘겨버린다. 물론 오늘날에는 '그때 우리가 당신들의 조상을 죽인 것을 미안하게 생각한다.'고 사과한다. 그러나 콜럼버스의 잔인함은 유럽인들도 혀를 내두른다. 자랑스러운 발견 뒤에 감추고 싶은 역사다. 콜럼버스는 히스파니올라에 식민지 거점을 세운 뒤 무차별적으로 인디언을 학살했다. 한 마을에서는 수백 명을 생포해 창칼로 찔러 죽였다. 그리고 다른 마을에서는 훈련된 개를 풀어 물어 죽이게 했다. 왜 그랬을까? 공포감을 조성하는 것이었다. 그 광경을 본 인디언들은 생포되기 전에 독약을 먹고 스스로 죽었다. 여자들은 매춘부로 삼고, 15살 이상의 남성은 금광의 노예로 데려갔다. 할당량을 채우지 못하면 손을 잘라 괴혈병으로 죽게 방치했다. 콜럼버스가 도착하기 전에 히스파니올라 근처에서 30만 명의 인디언이 살고 있었는데 콜럼버스가 도착한 지 불과 몇 년 만에 10만 명이 '살해'되었다. 대부분은 콜럼버스 일행이 들여온 매독 균으로 인해 사망했다. 이렇게 심각한 상황이 스페인 본국에 보고되었지만 별다른 시정조치가 내려지지 않았다. 금을 얻을 수 있다면 인디언의 목숨은 중요한 것이 아니었다. 콜럼버스는 심지어 부하가 발견한 섬을 자기가 발견했다고 공을 가로채는

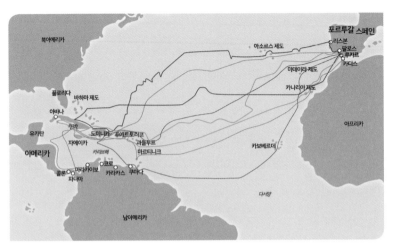

4차에 걸친 콜럼버스의 탐험 경로

등의 원한으로 부하에게 살해당할 상황도 겪었다. 또한 자기를 아메리카의 총독으로 임명할 것을 요구하고 수익의 많은 부분을 자기가 갖겠다고 주장하여 스페인 왕실의 분노를 사기도 했다. 콜럼버스가 상상하기 힘들 정도로 인디언들을 잔인하게 다룬 이유는 항해비용 대비 이윤을 많이 내서 왕실의 신임을 얻고, 이를 발판으로 성공하려는 야심 때문이었다. 콜럼버스는 야심대로 '영웅'이 되었지만, 매독으로 죽었다.

• 500년이 지나서야……

2021년부터 미국에서는 더 이상 '콜럼버스의 날'을 기념하지 않는다. 그날의 이름을 원주민의 날로 바꾸었다. 그리고 캐나다 총리는 원주민에게 진심으로 사죄했다. 사과가 아니라 사죄였다.

3. 바르톨로뮤 디아스(bartolomeu dias, 1451~1500) : 코앞에 있는 에티오피아를 찾으러 갔다가 우연히 희망봉까지 가다!

바르톨로뮤 디아스는 희망봉에 도달한 포르투갈 출신의 탐험가이다. 그러나 원래의 목적은 기독교 형제국인 에티오피아에 가는 것이었다.

1487년, 포르투갈의 왕 주앙 2세는 기독교 형제국인 에티오피아를 찾으라는 명령을 내린다. 바르톨로뮤 디아스는 3척의 배로 포르투갈을 출발하여 아프리카 서쪽 해안을 따라 내려가면서, 에티오피아를 찾기 위한 항해를 했다. 남아프리카의 케이프타운 근처인 희망봉에 유럽인 최초로 도착하고, 다시 아프리카 동쪽 해안을 따라 계속해서 항해했다. 북쪽까지 올라갔으나 에티오피아를 발견하지는 못하고, 왔던 길을 되짚

• 바보들인가?

에티오피아는 북아프리카에 있으므로 지중해를 건너면 어렵지 않게 갈 수 있다. 그럼 왜 이렇게 엉뚱한 일이 벌어진 것일까? 중세시대만 하더라도 에티오피아는 지중해에 인접해 있어 유럽인들이 어렵지 않게 드나들 수 있었다. 아프리카에 있는 기독교 국가로 십자군 전쟁 때는 군대를 파견하기까지 했다. 그런데 북부에서 반란이 일어나 내륙국이

되면서 유럽과의 교류가 끊어지고, 점점 유럽인들이 모르는 나라가 되었다.

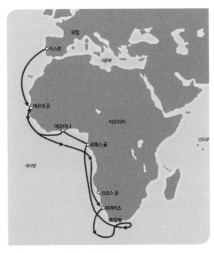

바르톨로뮤 디아스의 탐험 경로

어 희망봉으로 돌아왔다. 바르톨로뮤 디아스가 다시 희망봉에 도착했을 때는 1년이 지난 1488년이었고 배도 2척밖에 남지 않았다. 오늘날에는 이집트의 수에즈 운하를 통과하면 어렵지 않게 지중해로 갈 수 있지만, 당시에는 아프리카 대륙을 한바퀴 돌아야 하는 험난한 길이었다. 바르톨로뮤 디아스는 자기가 다녀온 아프리카 최남단을 '폭풍의 곶'이라고 보고하였다. 희망봉(케이프타운)이라는 이름은 바르톨로뮤 디아스의 이야기를 듣고 국왕이 지은 이름이다. 왜냐하면 그 항로의 발견으로 인도로 가는 바닷길이 열렸기 때문이다. 바르톨로뮤 디아스는 동시대의 탐험가인 바스쿠 다 가마에게 이 항로를 알려주었고, 1497년, 바스쿠 다 가마는 이 항로를 통해 인도로 가는 대항해에 나섰다. 하지만, 정작 항로의 개척자인 바르톨로뮤 디아스를 자신의 항해에 참가시켜 주지는 않았다. 자기 혼자 공을 차지하기 위해서였다. 그 후 1500년, 바르톨로뮤 디아스는 이 항로를 따라 무역업에 종사하다가 희망봉 근처에서 폭풍우를 만났고 그곳에서 죽음을 맞이한다. 바르톨로뮤 디아스에게는 희망봉이 아니라 절망의 봉우리가 되었다.

4. 바스쿠 다 가마(vasco da gama, 1460~1524) : 바스쿠 다 가마에 비하면 콜럼버스는 착한 탐험가였다

바르톨로뮤 디아스의 희망봉 발견을 기초로 하여 1497년, 인도로 향한 바스쿠 다 가마는 유럽인 최초로 유럽 - 인도 직항로를 개척하고 아시아 정복의 교두보를 만든 탐험가이다. 바스쿠 다 가마와 콜럼버스 두 사람에 의해 식민지 시대가 태동했다고 해도 과언이 아니다. 한 명은 아시아 침략의 길을 텄고 한 명은

바스쿠 다 가마

아메리카 침략의 길을 텄다. 유럽에서는 영웅이지만 죄 없는 사람들을 불에 태워 몰살시키고, 교역을 거부하는 인도를 무차별적으로 공격했으며, 심지어 사람들의 신체를 훼손하는 등의 행동을 일삼는 잔인한 학살자이기도 했다. 그의 행적에 대해서 "설마, 그럴 리가……"하는 의구심을 품을 수도 있겠지만, 이 모든 것들은 역사책에 기술된 사실이다.

• 왜 포르투갈 인들은 인도로 직접 갔을까?

인도의 향신료는 유럽 귀족에게 최고의 히트상품이었다. 그것은 실크로드를 통해 교역되고 있었다. 인도의 상인이 페르시아를 통해 지중해 연안인 흑해 근처까지 오면, 이탈리아 상인들이 거기에서 향신료를 사 왔다. 값은 천정부지였다. 그렇기에 무력으로 쳐들어가서라도 향신료 무역의 주도권을 쥐고 싶었을 것이다. 1497년 바스쿠 다 가마는 4

척의 범선에 수백 명의 선원을 태우고 리스본을 출발한다. 바르톨로뮤 디아스가 말해 준 희망봉을 돌아가는 항로를 따라 인도에 도착한다. 여기까지는 일반적인 탐험의 경로와 같다. 그런데 인도에 도착해 보니, 상황이 포르투갈이 원하는 대로 돌아가지 않았다. 인도의 상권은 이미 아라비아 상인들이 쥐고 있었다. 그는 작은 상품중개소를 설치한 상태에서 포르투갈로 돌아올 수밖에 없었다. 돌아오는 길에 선원들이 괴혈병으로 죽어갔고, 자신의 친형도 목숨을 잃었다. 배도 두 척이나 침몰한다. 다시 포르투갈로 돌아온 바스쿠 다 가마는 이번에는 중무장을 하고 2차 항해를 떠나지만 폭풍우를 만나 실패하고 돌아온다. 약이 바짝 오른 바스쿠 다 가마는 20척의 배에 대포를 싣고 3차 항해를 떠난다. 인도 상권을 쥔 아랍상인들은 포르투갈 함대에 향신료가 공급되지 못하게 방해공작을 펼친다. 그 마찰은 점점 커진다. 포르투갈 함대는 기다렸다는 듯이 본색을 드러낸다. 당시에 "포르투갈이 나타났다!"라고 소리치면 그들의 잔인함에 아랍상인이든 인도인이든 온몸을 덜덜 떨었다고 한다.

• 이슬람 배 학살 사건

대항해의 시대를 맞은 유럽인들은 원주민을 죽이는 일에 대해 죄책감을 느끼지 않았다. 오히려 자기들의 이익을 위해서라면 원주민을 죽여도 된다는 생각을 가지고 있었다. 그런 식의 사고를 가진 그들도 바스쿠 다 가마의 행적에 대해서는 치를 떨었다.

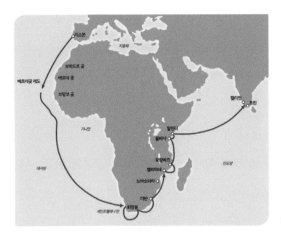

바스쿠 다 가마의 탐험 경로

　실제로 바스쿠 다 가마는 셀 수 없을 정도로 많은 살인과 약탈을 저질렀는데, 그 중에서 역사적으로 가장 잘 알려진 것이 '아랍 배 학살 사건'이다.

　바스쿠 다 가마가 망망대해에서 아랍의 민간인 선박을 나포한다. 배에 오른 군인들이 그들을 무장해제 시킨 뒤 배에다 불을 지르고 함대로 돌아온다. 바스쿠 다 가마는 사람들이 배 위에서 아우성치며 불에 타 죽는 모습을 멀리서 느긋하게 감상했다. 상식적으로는 있을 수 없는 행위였다. 선원들이 가까스로 배의 화재를 진압한다. 하지만 그것이 끝이 아니었다. 바스쿠 다 가마는 군대를 승선시켜 다시 배에 불을 지르고는 배가 반쯤 불에 탈 때까지 군대를 통해 나머지 사람들을 포위한다. 불이 난 배에서 사람들이 도망치지 못하게 했던 것이다. 죽기 살기로 덤벼드는 사람들은 가차없이 처단한다. 이들을 피해 바다로 뛰어든 사람들에게는 더 끔찍한 일이 벌어진다. 보트에 탄 군인들이 창으로 그들을 공격했던 것이다. 가장 참혹한 장면은 아이를 안고 있는 어머니에게까지도 공격을 가한 것이었다.

• 항구를 불바다로 만들다

포르투갈 함대는 항구에 정박해 있던 20여척의 아랍인 상선을 나포하고 선원 천여 명을 체포하여 신체를 절단하는 잔인한 방법으로 처형한다. 그들은 처형당한 시체를 돛대에 매달아놓고 공포 분위기를 조성한 다음, 보트로 시체를 실어나르는 인도인들에게 인육으로 커리를 만들라고 협박까지 한다. 그리고 며칠 동안이나 대포를 퍼부어 항구를 불바다로 만든다. 인도인들은 저항이 불가능했다. 인도 전역이 이 무시무시한 소문을 듣고 공포에 떨었다. 인근 항구의 아랍 상선들은 모두 도망가고 인도의 작은 왕국들은 포르투갈에 항복을 했다. 그리고 포르투갈의 독점적인 무역의 권리를 인정했다. 사실상 독점적인 무역의 권리를 강탈당한 것이나 다름없었다. 의기양양하게 포르투갈로 돌아온 바스쿠 다 가마는 이 공적으로 백작 작위를 받고, 땅을 하사받고 성공가도를 달린다. 그때까지 왕실의 친척이나 인척이 아니면서 백작 작위를 받은 사람은 한명도 없었다.

5. 아메리코 베스푸치(Amerigo Vespucci, 1454~1512): 아메리코가 아메리카가 되다

아메리코 베스푸치는 이탈리아의 피렌체 출신으로 콜럼버스와 동시대에 활동한 사람이다. 1497년 첫 탐험에서 북아메리카를 다녀왔고, 1499년에는 남아메리카의 브라질에 도착하였다. '신대륙'을 몇 번씩이나 다녀오고도 명예를 위해 세상을 떠들썩하게 하게 하지 않은 이유는 아메리고 베스푸치가 야심이 있는 탐험가가 아니라, 상인이자 선원이었기 때문이다. 1503년에

아메리고 베스푸치

쓴 책에서 자신이 갔던 곳이 아시아가 아니라 다른 곳이라고 주장한 것을 보면 꽤나 학식이 있는 상인이었을 것이다.

이곳을 먼저 발견했던 콜럼버스는 그곳이 아시아의 일부라고 주장했지만, 사람들은 콜럼버스의 주장보다 아메리코 베스푸치의 주장을 과학적인 사실로 받아들였다. 당시에 사람들이 생각하는 인도나 중국은 어느 정도 문명이 발달한 곳이었는데, 콜럼버스의 주장대로라면 허허벌판에 사람들이 얼마 살지 않는 곳이었기 때문이다. 그리고 아시아는 유럽의 반대편에 있는데, 항해한 거리가 생각한 것보다 너무 짧았고, 아시아가 그곳까지 펼쳐져 있다면 너무 큰 대륙이었다. (태평양은 유럽인들이 아직 모르는 곳이다.) 결국, 학자들에 의해 아메리코 베스푸치의 주장이 공인된다. 그곳은 아시아가 아니라 그들이 몰랐던 다른 땅이다! 그들은 신대륙에 아메리코의 이름을 빌어 '아메리카'라고 이름을 붙인다. 아메

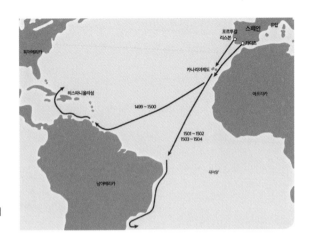

아메리고 베스푸치의
탐험 경로

리코가 아메리카로 바뀐 과정을 살펴보면, 이탈리아 이름인 아메리코
(Amerigo)는 라틴어로 아메리쿠스(Americus)인데, 땅이나 바다는 여성명
사를 사용해야 하기 때문에 아메리쿠스의 여성명사인 아메리카(America)
로 바뀐 것이다. 이로써 아메리카는 유럽의 역사에 새로운 대륙으로 등
장하게 되었다.

6. 존 캐벗(john cabot, 1450?~1499?) : 정말 똑똑한 사람! 위도가 높으면 항해 거리가 짧아진다!

존 캐벗은 1497년에 북아메리카에 도착했다. 그는 바이킹 족 이래
처음으로 북아메리카에 다녀온 북유럽인이다. 지오반니 카보토
(Giovanni Caboto), 이것이 그의 본명이다. 이탈리아 출신의 탐험가였지
만, 영국으로 이주해서 영국 사람 존 캐벗(john cabot)이 되었다. 그가

영국으로 간 이유는 이탈리아에서 벌였던 사
업이 실패했기 때문이기도 하지만, 영국에서
출발하면 항해거리가 짧아져 항해가 수월할
것이라는 확신이 있었기 때문이기도 했다.
당시 유럽인들은 대서양 너머에 미지의 대륙이
있다는 사실은 소문으로 알고 있었다. 이미 영국

존 캐벗

도 바이킹 족의 전설에 등장하는 미지의 땅을 찾기 위해 함대를 보내고
있었다. 존 캐벗은 북극 항로를 통하여 아메리카 북쪽 캐나다 뉴펀들랜
드에 다녀왔다. 아메리코 베스푸치와 콜럼버스 이전이었다. 그런데 존
캐벗은 자신이 다녀온 곳이 중국이라고 생각했다. 그가 도착한 뉴펀들
랜드 지역은 캐나다 서북쪽에 위치해 날씨가 추웠기 때문에 더운 인도
가 아니라 중국이라고 확신했던 것이다.

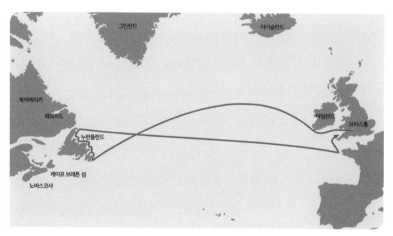

존 캐벗의 탐험 경로

7. 서배스천 캐벗(sebastian cabot, 1474~1557): 명예를 얻는다면 아버지를 모른 척 할 수도 있다!

서배스천 캐벗

이름에서도 추측할 수 있듯이, 서배스천 캐벗은 바이킹 이후 북유럽인 최초로 아메리카에 다녀온 이탈리아계 영국인 탐험가 존 캐벗의 아들이다. 서배스천 캐벗 역시 아버지를 닮아 탐험가가 되었다. 그는 1504년에 항해를 시작하여 캐나다를 방문하고 1508년 돌아왔다. 1516년 북아메리카 대륙의 남쪽, 지금의 미국지역까지 갔으나, 이미 콜럼버스를 통해 스페인이 그곳을 장악하고 있었다. 서배스천 캐벗은 스페인 기지에서 쏘는 대포에 놀라 도망쳐 돌아왔다. 이 당시 유럽의 해상 주도권은 무적함대 스페인이 쥐고 있었고, 영국은 상대적으로 보잘것 없는 섬나라였다. 그는 많은 지원을 받을 수 있는 스페인으로 이주한다. 그곳에서 지원을 받아 남아메리카를 탐험하고 다시 고향인 영국으로 돌아온다. 그는 자기 아버지가 캐나다에 다녀온 것을 알면서도 그 사실을 감추고, 자기가 제일 먼저 북아메리카 땅을 발견한 것으로 자랑하고 다녔다. 그도 그럴 것이 그의 아버지 존 캐벗은 죽을 때까지 그곳을 중국으로 알고 있었다. 거의 400년 동안이나 북유럽인 최초의 북아메리카 발견자는 서배스천 캐벗으로 알려져 있었다. 하지만, 새로운 고문서가 발견되면서 상황이 역전되었다. 서배스천 캐벗은 그의 아버지 존 캐벗이 가르쳐준 항로를 따라 북

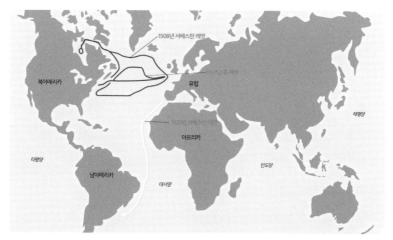

서배스천 캐벗의 탐험 경로

아메리카를 다녀왔던 것이다.

8. 페르디난드 마젤란(ferdinand magellan, 1480~1521) : 최초의 세계일주를 한 탐험가의 빛과 그림자

마젤란은 야망을 가진 사람이었다. 그에 맞게 성격도 차갑고 거칠었다. 포르투갈에서 태어났지만 그곳에서 큰 문제를 일으켜 항해를 할 수 없게 되자 스페인으로 도주했다. 그는 스페인에서 수완을 발휘하여 스페인 왕 카를로스 1세의 신임을 얻었고, 함대를 이끌고 세계일주에 나서게 된다. 이 항해는 개인의 명

페르디난드 마젤란

예욕과 스페인 왕의 세계정복 야욕이 만난 작품이었다. 1519년 9월에 5척의 배와 270명의 선원을 이끌고 스페인을 출발한 마젤란은 1520년 1월에 남아메리카의 우루과이 라플라타 강 하구에 도착했다. 그런데 태평양으로 들어서기 직전인 이곳에서 심각한 문제가 발생한다. 배는 폭풍우에 시달려 출발하지 못하고, 마젤란 특유의 거친 성격으로 인하여 선원들의 불만이 폭동으로 변한다. 마젤란은 주동자들을 처형하고, 지휘체계를 자기를 따르는 선원들을 중심으로 재편한다.

그러나 반란을 일으킨 한 척의 배는 무리를 이탈하고, 한 척의 배는 난파되어 세 척의 배만 남게 된다. 결국 태평양을 만나는데, 그들은 태평양이 얼마나 넓은 바다인지 상상조차 하지 못했다.

• 지옥에 온 것을 환영합니다

운이 없게도 그들은 괌에 도착할 때까지 태평양에 떠 있는 섬을 하나

• 태평양이라는 명칭의 유래

태평양(Mare Pacificum)은 '평화로운 바다'라는 뜻이다. 세상에 평화로운 바다가 어디에 있겠는가만, 그들은 너무나 혹독한 상황을 견디고 새로운 바다로 들어섰기에 오랜만에 고요한 바다에서 평화로움을 느꼈다. 그래서 마젤란은 그 바다에 태평양이라는 이름을 붙였다. 거칠고 차가운 탐험가에게도 평화롭고 싶다는 감정은 있었나보다.

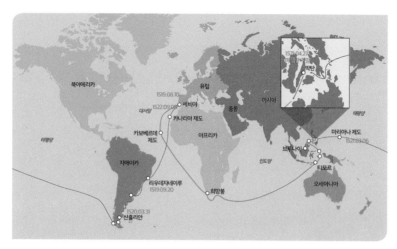

마젤란의 탐험 경로

도 만나지 못했다. 태평양을 얕잡아 보았던 것이다. 그 대가로 그들은
지옥을 만났다. 몇 달 동안의 항해로 인해 식량이 바닥을 보이고 식수조
차 구할 수 없는 상황이었다. 마젤란과 선원들은 썩은 비스킷과 쥐를 잡
아먹으며 버텼지만, 나중에는 쥐도 귀해져서 돈으로 거래되는 지경에
이르렀다. 급기야 선원들은 쇠가죽으로 만든 밧줄까지 뜯어 먹는 등 인
육을 먹는 최악의 상황 직전까지 몰렸다. 하지만, 1521년 3월 그들은
마침내 괌에 도착했고, 그곳에서 물과 식량을 얻을 수 있었다.

• 필리핀에서 죽다

1521년 4월 괌을 출발한 그들은 필리핀에 도착한다. 마젤란은 부족
을 분열시켜 각개 격파하는 계획을 세웠다. 이 방법은 침략자들의 고전

적 수법이었다. 어느 부족에게는 당근을 주고, 그들을 대리통치자로 만들어서 다른 부족을 몰살시키는 방법이다. 종교가 다르면 분열을 일으키기에 안성맞춤이다. 당시 필리핀은 불교, 힌두교, 이슬람교가 혼재해 있었다. 마젤란은 불교와 힌두교를 믿는 부족의 왕에게 스페인 국왕이 줄 이익을 약속하고, 이슬람을 왕족을 치는데 협력하도록 만들었다. 그러나 이것은 필리핀인의 용맹함을 얕잡아본 오판이었다. 마젤란은 전투에서 무참히 살해당했다. 나중에 살아서 돌아온 선원들의 기록에 의하면, 장검에 다리가 잘리고 죽창과 단검으로 온몸을 난자당했다고 한다. 하지만, 이 기록이 정확한지에 대해서는 의문이다. 마젤란과 자신들의 업적을 부풀리기 위해서 고난을 과장되게 표현한 것일 수도 있기 때문이다. 1521년 4월 27일, 그의 나이 41세였다.

• 함대, 스페인으로 돌아오다

1519년 5척의 배에 270명의 선원을 태우고 떠난 함대는 3년만인 1522년 단 1척의 배에 18명의 선원만을 태우고 스페인으로 돌아온다. 그 배의 이름은 빅토리아(승리) 호였다. 상처뿐인 항해인 것 같지만 돌아온 자들에게는 승리였다. 빅토리아 호에 실려 있는 약탈한 금은보화의 양도 엄청났지만, 무엇보다 중요한 것은 앞으로 어마어마한 이익을 가져다줄 필리핀을 식민지로 확보했다는 사실이다. 스페인은 포르투갈, 프랑스, 영국, 네덜란드 등과의 식민지 확보 경쟁에서 승리했다. 항해한 거리는 5만 킬로미터로 지구를 한 바퀴 돌아야 하는 거리였다. 원래 출

엄밀하게 말해서 마젤란은 세계일주를 하지 않았다. 하지만, 그렇게 알려진 이유는 국가 간의 경쟁에서 우위를 점하기 위해 스페인에서 그렇게 공인했기 때문이었다. 다른 국가의 정부나, 세계일주 경쟁을 하는 다른 탐험가들은 그것을 인정하지 않았다. 왜냐하면, 유럽에서 아프리카의 희망봉을 돌아 인도, 필리핀까지는 이미 항로가 개설되어 있었기 때문이다. 결국 이미 개설된 항호를 따라 항해한 것뿐이라는 것이다. 하지만, 스페인은 미개척지인 태평양을 건넌 것이 중요하다는 주장을 펼쳤는데, 구차하다는 생각이 드는 것은 어쩔 수 없다.

• 필리핀이라는 나라의 현실!

마젤란이 죽은 필리핀의 섬에는 마젤란 추모비와 마젤란에 대항했던 필리핀 원주민의 기념비가 나란히 세워져 있다. 비문에는 대조적인 내용이 적혀 있다. 마젤란을 추모하는 입장에서 마젤란은 세계일주를 성공시키며 필리핀을 개화한 위대한 탐험가이다. 하지만, 다른 입장에서 보면 마젤란에 대항했던 원주민들이야말로 외부 침략자를 물리친 독립영웅이다. 언뜻 보면 모순된 것이 나란히 있는 것이 이해가 되지 않는다. 그러나 1%의 부자가 대부분의 부를 독점하고 있는 필리핀의 현실을 생각해보면 이 상황이 이상하지 않다. 마젤란은 식민지 지배의 수혜를 받은 누구에게는 숭배의 대상이고, 누구에게는 아픈 기억을 되살리는 대상이기 때문이다.

발할 때부터 그 배의 이름이 빅토리아(승리) 호였는지, 나중에 그렇게 의미를 부여한 것인지는 분명치 않다.

• 침략자들의 보복

생존자들을 통해 전해진 마젤란과 스페인 선원들의 죽음은 스페인에게 모욕적이었다. 스페인 국왕은 대규모 군대를 보내 신무기와 조직적은 공격으로 필리핀 원주민을 닥치는대로 잔혹하게 학살한다.

9. 자크 카르티에(jacques cartier, 1491~1557) : 아무도 알아주지 않는 아메리카 탐험가. 그러나 캐나다 퀘벡 주와 프랑스에서는 유명한 사람

자크 카르티에

자크 카르티에는 유럽에서 너도 나도 앞다투어 아메리카에 다녀올 때, 프랑수아 1세의 지원으로 1534년과 1535년 그리고 1541년, 세 번에 걸쳐 아메리카에 간 프랑스의 탐험가였다. 이 시기에 누가 먼저 아메리카에 갔는지는 아직도 논쟁거리다. 그곳을 버젓이 다녀오고도 인도라고 생각한 사람도 많았다. 누가 먼저 큰 목소리를 내는가? 누가 먼저 군대를 파견하여 정복하는가? 그것이 중요한 문제였다. 자크 카르티에는 아메리카 북부에서 원주민들을 만나 이제 그곳이 무조건 프랑스 땅이라고 선언한다. 그는 그곳을 캐나다라고 명명했다. 캐나다는 인디언들의 언어 '카나타'에서 유래한 것으로 '내 땅'이라는 뜻이다. 인디언들이 땅을 가리키며 카나타! 카나타! 하니 프랑스인들이 덩달아 캐나다! 캐나다! 하지 않았을까? 인디언들이 자크 카르티에의 엉뚱한 선언을 받아들이지 않고 저항하자, 그는

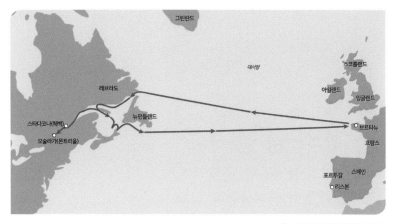

자크 카르티에의 탐험 경로

추장의 아들을 납치하여 프랑스로 돌아온다. 전열을 정비한 자크 카르티에는 대 함대를 이끌고 가서 캐나다의 드넓은 대지에 프랑스의 깃발 하나를 꽂고 프랑스 땅이라고 선언한다. 그렇게 하여 캐나다는 말 그대로 프랑스 땅이 되었다. 지금도 캐나다의 퀘벡 주만은 프랑스어를 공용어로 쓴다. 만약, 프랑스가 아메리카 대륙에서 영국과의 전쟁에서 승리했다면 미국과 캐나다는 프랑스어를 쓰고, 나아가 오늘날의 국제공용어도 프랑스어가 되었을 것이다.

05

근대의 탐험가들 :

제국주의와 불평등한 교류의 시대, 그리고 새로이 생겨나는 관심들

서기 1600년~서기 1900년

: 개요

이 시기는 한 문장으로 정의하기 힘들다. 서구 열강에 의한 식민지 시대가 이미 열렸지만, 여전히 어느 나라는 문을 꼭꼭 걸어 잠그고 있었다. 그들은 과학기술과 상품만 받아들이고 나라는 지키고 싶어 했지만, 반대로 유럽제국은 과학기술은 감추고 식민지로 만들어 착취하려고 하였다. 이러한 상황 때문에 어떤 나라는 이미 유럽의 영토가 되었지만, 문을 걸어 잠근 나라는 여전히 미지의 세계였다. 또한 더 이상 정복할 대륙이 없었기에 인류의 탐험 정신은 북극이나 남극으로 향한다. 지금까지의 탐험도 그랬지만, 여기에도 탐험가의 순수한 동경과 국가의 팽창 정책이 깊숙이 관련되어 있다. 그곳에 대한 점유권을 주장하기 위해서이다. 또한 이미 정복한 나라를 통치하기 위해 인류학과 지리학이라는 새로운 학문이 생기고, 더불어 인류학자와 지리학자가 탐험에 나서는 시대가 도래한다. 인류학은 원주민의 문화, 심리, 관습을 탐구하여 효과적인 통치의 자료로 활용된다. 지리학은 식민지를 개발하기 위한 도로, 항만, 철도 등의 건설에 기초자료가 된다. 이처럼 복잡하고 낯선 탐험이 생겨난다. 문이 닫힌 나라, 즉 미지의 나라에서의 표류, 쓸모없을 것만 같은 얼음대륙을 향한 탐험, 인류학이나 지리학이라는 낯선 개념의 탐험 등이 혼재되어 나타난다.

우연히 유명탐험가가 된 일반인들: 그러나 탐험의 묘미는 여기에 있다.

1. 덴쇼 소년 사절단 : 동방에서 온 미소년 그룹!

덴쇼 소년 사절단의 '덴쇼'는 조선으로 치자면 '세종 몇 년', '정조 몇 년' 등과 같은 의미로 사용된 연호, 즉 왕이 즉위한 해를 시작으로 치세연차를 일컫는 말이다. 1582년 겨울, 일본의 나가사키 항에는 4명의 앳된

덴쇼 소년 사절단의 소년들과 발레리노 신부

소년들이 가족들과 작별하고 있었다. 가족들은 소년들을 끌어안고 울었다. 눈물을 흘리기는 소년들도 마찬가지였다. 그들은 배를 타고 로마 교황청으로 가는 길이었는데, 가족과 소년들이 슬프게 우는 이유는 다시 돌아오기 힘든 무모한 여행이었기 때문이다. 그들은 성직자를 양성하는 초등교육기관의 학생들이었고, 그중에서도 총명하고 잘 생긴 학생들이었다. 그들을 로마로 보내는 이유는 외형적으로는 교황을 알현하기 위한 것이었지만, 정치적 속내는 복잡했다. 당시에 일본은 아직 통일되지 못한 나라였다. 서구와의 교역을 원하고, 더불어 서양의 군사적 지원을 받아 일본 내에서의 세력 확장을 꾀하는 지역의 세력들이 자신들의 이익을 취하기 위해 아이들을 활용하는 것이었다. 하지만, 아이들

의 목적은 그것과는 상관없이 교황을 직접 알현한다는 순수한 설렘으로 가득 차 있었다. 또한 기독교의 입장에서는 이 소년들이 유럽을 보고 돌아와 기독교를 믿는 나라들의 발전된 모습과 기독교의 영광과 위대함을 일본에 알림으로써 일본인들에게 기독교를 쉽게 포교하기 위한 목적이었다. 그들은 이 순수한 소년들이 일본으로 돌아가면 충직한 하느님의 양이 될 것이라는 사실을 믿어 의심치 않았다. 이렇듯 어른들의 세계는 복잡했지만, 착하디착한 미소년들의 목적은 단 하나, 교황을 알현한다는 기대뿐이었다. 그래서 죽기를 각오하고 배를 탄다. 4명의 소년은 출발한 지 20일이 지난 1582년 3월에야 겨우 마카오에 다다른다. 그러나 이미 여러 가지 문제가 생겼다. 결국 배 여행으로 심신이 허약해진 소년들 때문에 배는 그해 말까지 출항할 수 없게 된다. 소년들은 건강을 회복하는 동안 포르투갈의 식민지였던 마카오의 대성당을 보면서 그 아름다움에 심취한다. 그곳에서 포르투갈어와 서양 악기 연주하는 방법을 배운다. 해가 바뀌고 건강을 회복한 소년들은 말라카 해협(현재 싱가포르 근처)에 도착해 다시 휴식을 취한 다음, 인도로 향한다. 그 과정에서 한 명은 심한 설사병에 걸려 위독한 지경에 빠진다. 어린 소년의 면역력으로는 열대의 뜨거움과 습도에 적응하기 힘들었기 때문이다. 설상가상으로 해적의 습격을 받기도 하고, 바닷길을 잘못 들어 조난 상황에 빠지기도 한다. 항해 중에 콜레라가 발생해서 수십 명의 어른들이 목숨을 잃었고, 소년들도 위기를 맞았지만 모두 살아 남았다. 그들은 인도양을 돌아 아프리카의 남쪽 희망봉을 거쳐 대서양으로 나아갔고, 유럽을 향해 북으로 올라갔다. 그들은 중간 중간 대서양의 섬에 정박했다. 그리고 마침내 일본의 나가사키를 출발한 지 거의 3년 만인 1584년 겨울에 포르투갈의 리스본에 도착한다. 마침내 유럽에 발을 디딘 것이다. 그리고 소년들은 1차 목적지인 스페인의 수도 마드리드에 도착한다. 얼굴이 하얗고 기모노를 입은 소년 사절단을 보기 위해 환영객들이 몰려들었다. 이렇게 귀공자 대접을 받은 이유는 소년들의 귀여운 외모도 한몫을 했지만, 무엇보다 듣도 보도 못한 동방의 나라에서 온 소년들이 자기들처럼 하느님을 섬긴다는 것과 그 먼 곳에서 죽음을 무릅쓰고 자신들의 나라를 찾아온 소년들이 기특하고 대견했기 때문일 것이다. 우리 역시 외국인 아이들이 한국문화를 배우기 위해 왔다면 누가 그들을 미워하겠는가. 그들에게 소년들이 입은 일본 전통의상

• 소년들은 모른다!

그러나 이런 내막이 있다. 일본에서 소년들을 데리고 간 책임자인 발리냐뇨라는 신부는 수행원들에게 '소년들에게 좋지 않은 것은 감추고, 좋은 것만 볼 수 있게 하라.'고 명령했다. 교회의 목적은 소년들이 유럽의 화려함에 대해 감탄하고, 일본에 돌아가 그런 것을 쓰고 말하게 하여 교세를 넓히는 것과 더불어, 교황청으로부터는 자기들의 고생과 성과를 인정받으려는데 있었다. 이미 북유럽에서는 개신교가 천주교에 반기를 들고 있었고 천주교는 교세의 위기를 느끼고 있었다. 말하자면 미소년들은 천주교도들의 희망이었다.

기노모는 신비로운 예술작품처럼 느껴졌을 것이고, 분가루를 칠한 소년 들의 하얀 얼굴은 인형처럼 보였을 것이며, 소년들이 부르는 일본 노래 는 종달새가 지저귀는 것처럼 들렸을 것이다. 게다가 여러 번의 죽을 고비를 넘기면서 3년 만에 스페인에 도착했다는 소년들의 이야기는 그 들로 하여금 소년들의 모든 행동을 좋아 보이게 만들었고, 그 소년들을 돕고 싶게 만들었다. 이제 소년들은 국왕의 도움을 받아 편하게 이탈리 아로 향한다. 소년들은 마차를 타고 지중해에 도착했다. 그리고 다시 배로 갈아 타고 이탈리아로 향했다. 가장 먼저 도착한 곳은 피렌체였 다. 당시 피렌체는 이탈리아의 여러 공국 중 한 곳이었다. 소년들은 피 렌체에서 미켈란젤로, 라파엘로, 다빈치의 명화를 보고 감탄했다. 귀족 들의 무도회에 초청되어 귀부인들과 춤을 추며 즐기기도 했다. 아무튼

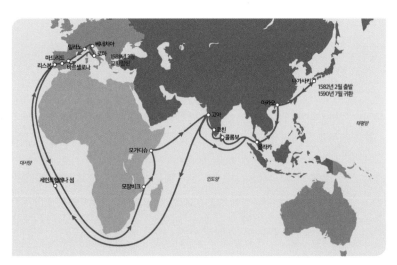

'덴쇼소년사절단'의 항해 경로

소년들은 도착하는 곳마다 융숭한 대접을 받았고, 소년들이 가는 곳에는 어디나 환영객들이 몰려들었다.

• 지상 최대의 쇼!

1585년 3월, 드디어 그들은 갖은 고생 끝에 로마 교황청에 도착한다. 황금으로 장식한 마차에 탄 소년들은 비단 옷, 우아한 목도리와 깃털 달린 모자를 쓰고 시가지를 행진한다. 그들의 주위에는 수백 명의 기마병이 그들을 호위한다. 군악대가 행진곡을 연주하고, 수백 발의 축포를 발사했다. 환영인파는 인산인해였다. 마차는 교황이 있는 성 베드로 성당의 광장으로 들어섰다. 소년들은 교황의 발에 입을 맞추고 뜨거운 눈물을 흘린다. 그리고 교황을 위해 순교하겠다는 맹세를 한다. 교황은 감격한다. 일본에서의 포교활동을 돕기 위해 막대한 지원금을 약속한다. 이후 소년들은 몇 달간 로마에 체류한다. 소년들의 인기는 절정이었다. 식당에서는 몰려드는 사람들 때문에 밥을 먹을 수 없을 정도였고, 사람들이 소년들을 가까이에서 보기 위해 밀치고 싸웠다고 하는데 요즘으로 보자면 아이돌 그룹의 인기에 비견되는 풍경이었을 것이다.

덴쇼 소년 사절단은 잘 기획되고 성공을 거둔 종교 문화 상품이었지만, 소년들에게는 목숨을 건 여행이었다. 그리고 어쩌면 어린 소년들의 목숨을 담보로 한 여행이었기 때문에 목적을 달성할 수 있었을지도 모른다. 덴쇼 소년 사절단의 방문 이후에 일본이라는 나라는 유럽인들에 교황청의 선물꾸러미와 자금, 교황의 은총을 받고 귀국한 소년들 중 일부는 여행의 후유증으로 병사한다. 돌아오는 길도 가는 것만큼이나 길고 험난했다. 그들은 대중 앞에 나타나 하느님의 나라인 유럽의 아름다움과 놀라움을 알리는데 앞장섰다. 일부는 더 열렬한 기독교인이 되어 죽을 각오를 했고, 실제로 금지된 지역으로 들어가 포교를 하다가 사형을 당했다. 당시 일본은 작은 막부로 나뉘어져 있었고, 기독교는 나가사키와 주변의 섬에서만 허용이 되었다. 기독교의 입장에서 보면 숭고한 소년들이었지만, 다른 사람의 관점에서 보면 슬픈 이야기이기도 하다. 소년들은 지금으로 보자면 기껏 초등학교 고학년생이거나 중학생에 불과한 아이들이었기 때문이다.

게 귀엽고 매력적인 곳으로 각인되었다. 유럽 전역의 가톨릭 국가에 이들의 방문에 관한 책이 출판되어 베스트셀러가 되었다.

네덜란드 호린험에 있는 하멜의 동상

2. 헨드릭 하멜(hendrik hamel, 1630~1692) : 보상금을 받기 위해 표류기를 쓰다

하멜은 네덜란드 사람으로 부유한 집안의 아들이었다. 당시 네덜란드는 세계 제일의 해상무역 국가였다. 하멜은 큰 상선의 회계사로 근무했다. 1653년, 그가 탄 상선 스페르베르(Sperwer) 호는 인도와 동남아시아를 거쳐 일

본의 나가사키로 향하던 중 폭풍을 만나 제주도로 표류한다. 몇 달을 제주도에 머문 하멜 일행은 한양으로 이송된다. 그때까지 조선은 표류한 유럽인을 억류하지 않고 건강을 회복하면 바로 배를 태워 돌려보냈는데, 하멜이 억류된 이유는 정책의 변화 때문이었다. 당시 조선에서는 밀려오는 서양열강의 세력에 위협을 느끼고 문을 꼭꼭 걸어 잠그는 쇄국정책이 시작되었다. 하멜 일행은 왕명에 의해 한양으로 이송된다. 한 달이 넘는 여정이었다. 그 과정에서 하멜은 자신이 본 '신세계', 조선의 특징에 대한 많은 기록을 남긴다. 그가 꼼꼼히 기록을 남길 수 있었던 것은 항해사라는 직업적 특성이 영향을 미쳤을 것이다. 항해사는 보이는 것이라고는 바닷물밖에 없는 망망대해에서 항로를 찾는 직업이다. 게다가 하멜은 회계까지 담당하고 있었기 때문에 꼼꼼하기로 말하자면

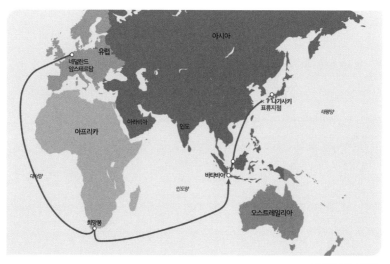

하멜의 이동 경로

둘째가라면 서러워했을 성격의 소유자였을 것이다. 그가 기록한 자료들은 나중에 《하멜표류기》의 기초사료가 되었다. 한양으로 이송된 하멜은 효종을 알현하고 네덜란드로 돌아가기를 희망했지만 거절당했다.

조선에 남겨진 하멜 일행은 조선에 아무런 도움이 되지 않았다. 대부분이 상인들이었기 때문에 서양의 신식무기를 만드는 방법이나 배를 건조하는 방법을 알지 못했다. 조선의 입장에서는 아무런 도움도 받을 없었지만, 그렇다고 돌려보낼 수도 없었다. 당연히 그들에 대한 처우도 열악할 수밖에 없었다.

하멜 일행은 시중의 화젯거리가 되어 양반과 평민, 신분을 가리지 않고 구경꾼들이 모여들었다. 사람들이 모여 든 이유는 하멜 일행의 생김새가 사람이 아니라 괴물 같다는 소문이 퍼졌기 때문이었다. 유럽인들 중에서도 가장 장대한 골격과 큰 코, 움푹 파인 눈을 가진 네덜란드인들이 조선인들에게는 이상하게 보였을 것이다. 조선인들은 하멜 일행의 생김새를 희화화하며 농담거리로 삼았다. 양반들은 자신의 잔치에 그들을 불러서 네덜란드의 노래와 춤을 시키고, 심지어 하인들조차 그들을 우습게보았다. 이런 취급을 받던 하멜 일행에게 동정심을 느낀 승려들이 그들을 잘 대해 주었기 때문에 하멜 일행은 승려들과 가장 사이가 좋았다. 그들은 그렇게 조선에서 오랜 시간을 살았다. 몇 번이나 탈출을 시도하다가 잡혀왔지만, 형벌로 이어지지는 않았다. 그러나 탈출이 반복되자 사형까지도 논의되었으나, 차마 그러지는 못하고 조선 조정은 그들을 전라도로 유배 보낸다. 1666년 조선에 온 지 13년이 지위의 사실들이 모두 하멜의 주작인지도 모른다. 하멜은 이재에 밝은 사람이었다. 귀국한 하멜은 동인도 회사에 13년간 받지 못한 임금을 청구했고 이에 대한 증거로 써서 낸 것이 바로 《하멜표류기》이다. 그는 회사를 위해 일을 하다가 당한 일이니 임금은 물론 육체적 정신적 고통까지 보상하라고 요구했다. 그는 더 많은 보상을 받기 위해 자신이 겪은 어려움을 극대화했다. 당연히 조선에서 고생하고 천대받은 내용이 주류를 이룬다. 그러나 회사는 13년만에 돌아온 이들에게 거액의 돈을 주기 싫어서 2년

《하멜표류기》의 표지

치의 임금을 제시한다. 이 싸움의 승자는 누구였을까? 1차로 급히 신청한 몇 명은 2년치의 임금만 받을 수 있었다. 회사가 이겼다. 배가 침몰하면 그 순간부터 일을 안 한 걸로 간주한다는 판결이 나왔다. 그러나 하멜은 기다렸다. 《하멜표류기》가 베스트셀러가 되면서 사람들의 관심이 지대하게 쏠린 사회적 문제가 되었고 조선과의 무역에 대한 관심도 커졌다. 또한 회사의 입장에서도 책에 기록된 조선의 정보도 유용했고, 하멜을 조선 전문가로 활용하면 득이 되지 않을까 하는 계산을 한다. 결국 회사는 하멜에게 13년 치의 임금을 지불한다. 하멜이 승리했다.

난 후, 그들은 어부에게 뇌물을 주고 배를 구입하여 일본으로 탈출하는데 성공한다. 조선에서 결혼한 몇 명은 남았다는 설이 전해진다.

• 하멜 표류기는 어떤 내용인가

《하멜표류기》는 표류기와 조선국 두 부분으로 이루어진다. 표류기는

1653년 네덜란드를 떠난 이후 풍랑을 만나 제주도, 한양에서의 억류 생활을 하고, 1666년 다시 일본을 거쳐 1667년 네덜란드로 귀국할 때까지 일어난 일들을 기록한 일지이다. 여기에는 난파 경위, 조선에 상륙한 이후 하멜 일행이 겪은 체험과 사건들이 연대순으로 기록되어 있다. 조선국 부분은 조선의 지리, 풍물, 생산물, 정치, 군사, 사회제도, 유교, 교육체계, 교역의 규모 등 하멜이 조선에서 체류하면서 보고 들은 조선에 대한 각종 사실들을 기록했다. 《하멜표류기》는 불티나게 팔려 순식간에 영어본, 불어본, 독어본이 출간되었다. 17세기에 출판된 책이 1885년까지 계속해서 출판되는 기염을 토한다. 이렇게 하여 《하멜표류기》는 조선을 유럽에 소개하는 가장 대표적인 책으로 알려진다. 이전까지 유럽인들에게 조선은 아시아의 한쪽에 있는 미개한 나라라고 알려져 있었다. 비단 조선뿐만 아니라, 아시아 전체에 대한 인식이 그랬

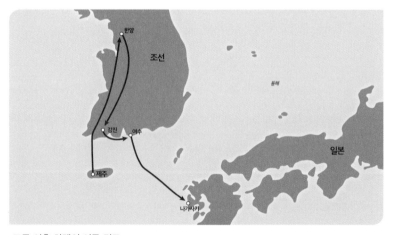

표류 이후 하멜의 이동 경로

조선의 입장에서 굳이 표류한 외국인이 적국의 간첩이 아닌 바에야 심하게 핍박을 가할 필요는 없었다. 하멜이 조선에 대해 비우호적으로 기술한 것은 조선에 대한 개인적인 악감정과 '내가 이렇게 고생했다.'는 사실을 강조해야 임금이나 보험금을 더 많이 받을 수 있었던 상황 등을 고려하면 인간적으로 이해될 법도 하다. 그런데 그는 네덜란드에 돌아가 결혼하지 않고 미혼으로 살다 죽었다. 왜 그랬을까? 실제로 하멜은 조선에서 결혼하고 아이까지 있었다. 그런 행복한 이야기는 쓰지 않았다. 일부러 쓰지 않은 것일까? 아니면 잊기 위해 쓰지 않은 것일까? 아니면 할 수 없이 살기 위해 결혼을 한 것일까? 하멜이 밝히지 않았기 때문에 내막은 알 수 없다. 22살부터 36살까지 혈기왕성한 시절 동안 조선에 살면서 결혼하지 않았던 것이 더 생뚱맞은 일이다. 아무튼 자신을 곧바로 돌려보내지 않고 이곳저곳 떠돌아다니며 살게 만든 조선에 대해 우호적인 관점을 가질래야 가질 수도 없지만, 문득문득 조선에서의 삶을 그리워하는 부분이 있는 것도 사실이다. '우리는 동방의 이교도들에게서 기독교인으로서 후한 대접을 받았다.' '이제 겨우 생활의 기반을 마련하고 안정이 되었는데 또 어디로 떠나 살라는 말인가!' 등의 기록이 이를 뒷받침한다.

다. 지금은 한류 등으로 상황이 조금 달라지기는 했지만, 얼마 전까지만 하더라도 대한민국의 정확한 위치를 알고 있는 유럽인은 그리 많지 않았다. 아무튼 이 책을 통해 조선이 조금은 알려졌다. 자기가 고생했다는 것을 강조하려는 의도 때문에 좋은 얘기는 없지만, 지리나 문화, 생김새 등의 사실에 대해서는 나름 충실하게 정리되어 있기 때문이다. 네덜란드 무역상들은 《하멜표류기》를 읽고 일본을 통해 조선과 간접적으로 교역하는 것보다 조선과 직접 교역하는 게 유리하다고 판단한다. 조선이 알려지기 전까지 일본은 네덜란드에서 들여온 상품을 조선에 팔면서 많은 이익을 남기고 있었다. 네덜란드 인들은 '코리아 호'라는 이름을 붙인 배까지 만들어 직접 무역을 하려고 했다. 그러나 일본은 조선과 직접 무역을 할 경우 네덜란드와는 더 이상 교류를 하지 않을 것이라고 엄포를 놓았다. 결국 네덜란드는 조선과의 직접 무역을 포기 한다.

3. 박연(얀 얀서 데 벨테브레 jan janse de weltevree, 1595~?): 같은 네덜란드 사람의 표류 인생이지만 하멜과는 180도 다르다! 그 이유는?

박연은 네덜란드 출생으로 조선에 정착한 최초의 유럽인이다. 그 이전에 표류한 유럽인들의 기록이 있으나 대부분 본국으로 돌아갔다. 참고로 그는 하멜보다 먼저 조선에 표류하여 살고 있었다. 1627년 서른

광진구 '어린이 대공원'에 있는 박연의 동상

살의 박연은 동인도 회사의 선원으로 취직하여 배를 탔다. 그 배는 일본으로 항해하다가 표류하여 제주도에 도착했고, 곧바로 한양으로 이송된다. 이 시기는 《하멜표류기》가 나오기 전이었다. 그들은 조선 사람들이 식인 풍습을 가지고 있는 것으로 알고 있었다. 그들이 제주도에 도착했을 때는 한밤중이었고, 병사들이 횃불을 들고 배로

박연에게는 네덜란드에 가족이 있었다. 1990년대에 네덜란드에 남겨진 박연의 후손이 한국에 있는 박연의 후손을 찾으러 왔다. 흥미진진한 여행이지 않았을까? 그러나 찾을 수 없었다. 박연이 '박 씨' 성을 사용했다는 것 외에 본관 등은 알려진 것이 없다. 우리나라의 상황에서 자신들이 '박연의 후예'라고 나서는 것도 쉽지는 않았을 것이다. 그가 조선에서 결혼해서 아이를 낳은 것은 사실이다. 그러나 그가 죽은 후, 그의 존재를 아예 지워버렸을 가능성이 있다. 자손들의 얼굴은 백인도 조선인도 아닌 혼혈이었다. 조선의 관습 상, 외국인의 피가 흐르는 것이 알려져서 득이 될 리는 없었을 것이다.

접근해오자 잡아서 불에 구워 먹히는 것으로 생각하고 눈물을 흘리며 공포에 떨었다. 그때까지의 조선의 정책에 따른다면 그들은 네덜란드로 돌아갈 수 있었다. 조선의 외국인 표류자 정책을 살펴보면, 일본이나 명나라 사람은 그 나라로 바로 돌려보내고, 유럽인이나 인도인들은 명나라로 보냈다. 명나라에서는 유럽이나 인도로 돌아가는 것이 비교적 쉬웠기 때문이다. 그런데 인간의 운명이란 참 얄궂다. 바로 그 때, 명나라는 만주에 건설된 후금이라는 나라로부터 위협을 받고 있었기 때문에 외국인 송환까지 신경 쓸 겨를이 없었다. 후금은 나중에 명나라를 멸망시키고 청나라를 세운다. 조선은 할 수 없이 일본에 도움을 요청한다. 그러나 일본은 그들이 기독교인이라는 이유로 받아들이는 것을 거부한다. 일본은 영리하게 서양과 무역은 하되, 종교의 유입은 엄격하게 통제하고 있었다. 할 수 없이 조선 조정은 송환을 포기했다. 국제정세로 돌아갈 길이 막힌 그는 훈련도감에서 근무하며 월급을 받으며 생활을 이어갔고, 아예 조선에 적응하면서 조선 사람과 결혼해서 귀화했다. 기록에 의하면 박연은 조선인 아내와의 사이에서 아들 하나, 딸 하나를 낳았다.

• 박연과 하멜의 만남!

박연이 조선에 정착한 지 30년이 지난 1666년 또 한 무리의 네덜란드인들이 제주도에 표류하여 왔으니 그들이 바로 하멜 일행이다. 조선인과 하멜이 말이 통하지 않자 조선 조정은 혹시나 하고 박연을 데리고 왔다. 그들이 같은 나라 사람인지도 모르는 상황이었다. 《하멜표류기》에는 이 첫 만남이 "갓을 쓰고 하얀 두루마기를 입은 백인이 나타났다. 알고 보니 놀랍게도 네덜란드에서 온 고향 사람이었다. 그러나 그의 네덜란드 말은 어눌했다."라고 기록되어 있다. 아마도 박연과 같이 표류했던 사람들이 이런 저런 이유로 흩어지고, 병으로 죽고 전쟁으로 죽어서, 26년 동안 모국어를 쓸 기회가 없었기 때문일 것이다. 그러나 더 중요한 사실은 그는 모국을 아예 잊고 거의 완전한 조선인이 되어 있었다는 것이다. 그는 며칠이 지나서야 제대로 네덜란드 말을 할 수 있었다. 유머러스한 에피소드가 있다. 조선인 관리가 하멜에게 묻는다. "앞에 있는 이 자가 어느 나라 사람인가?" 하멜이 "틀림없이 이 사람은 우리 네덜란드 사람입니다."고 대답하자 조선인들은 웃으면서 "아니다. 이 사람은 조선 사람이다."라고 말했다는 기록이 있다. 그는 완벽하게 조선 사람으로 인정받으면서 대우받고 살고 있었다. 그러나 박연은 하멜을 만나고 돌아가서 대성통곡을 하며 고향을 그리워했다. 잊은 줄 알았는데, 수십 년 만에 고국 사람을 만나니 그리움이 밀려오지 않았을까? 그로부터 13년 후, 하멜은 일본으로 탈출한 1668년까지 박연을 보았다고 기록한다. 그러면 박연의 나이는 최소한 70이었고, 보기 드물게 장수한 조선 사람이다. 그 이후의 기록은 없다.

• 왜 하멜과 박연은 대비되는 인생을 살았을까?

그들은 같은 네덜란드 사람이지만 처지가 달랐다. 하멜은 부유한 집안의 아들로 그가 다니는 회사도 번듯했다. 배를 탔다고 하지만, 하멜은 선원이 아니라 항해사의 임무를 수행했다. 그리고 하멜이 탄 배는 크기나 시설 면에서도 당시로서는 상당히 괜찮은 수준이었고, 정해진 항구를 돌면서 교역만 하면 되는 무역선이었다. 무엇보다 하멜에게는 네덜란드에 남겨진 상속 재산과 함께 회계사라는 튼튼한 삶의 기반이 준비되어 있었다. 그가 조선을 탈출해서 네덜란드로 돌아가려고 한 것은 어찌보면 당연한 일이었다.

반면 박연은 시골에서 암스테르담으로 돈을 벌러 온 청년이었다. 하필 취직한 회사도 열악한 조건 속에서 동남아, 일본, 중국까지 쉴 새 없이 항해를 해야 했기 때문에 선원들의 생환률이 낮은 곳이었고, 선원을 착취하기로 가장 악명이 높은 곳이었다. 게다가 교역을 성사시키는 과정에서 무력을 사용하기도 했기 때문에 배에는 무기가 장착되어 있었다. 선원이었던 박연은 당연히 무기 다루는 기술을 익혀야 했을 것이다. 겉으로 드러난 것은 무역선이었지만, 때로는 해적선으로 돌변했기 때문에 거칠고 험한 막장인생들의 집합소였다.

박연과 하멜이 다른 인생을 살아갔던 이유에는 이런 배경 외에도 결정적인 조건이 하나 더 있었다. 조선은 일단 표류한 서양인에게서 서양식 무기 기술을 얻어내려 했다. 앞에서 살펴본 것처럼 하멜은 무기에 대해서는 문외한이었지만, 박연은 서양식 대포 등의 무기를 다루는 일에 능숙했다. 조선은 그를 무기를 개발하는 직책에 중용하고 상당한 수

• 그래도 태어난 곳은 그리워! 미워도 다시 한 번

행복하게 살았던 박연도 임금에게 일본을 통해 본국으로 가게 해 달라고 간곡히 부탁했다. 조선은 그를 놓아주지 않았다. 그 당시 조선의 상황은 엄중했다. 남에서는 왜구가 호시탐탐 경상도와 전라도를 노략질했고, 북에서는 명나라를 멸망시킨 청나라에 침략 당해 왕이 청나라 장수에게 무릎을 꿇고 항복하는 굴욕을 당했다. 언젠가는 복수를 하기 위해 북벌 준비를 하고 있었다. 박연을 통해 무기를 개발하고, 서양식 무기의 사용법을 배울 수 있었기 때문이다. 그러나 이런 의문도 생긴다. 결혼해서 아이까지 낳고 사는데, 아내와 아이는 두고 혼자 고향으로 돌아갈 생각이었다는 말인가?

준으로 대우해 주었다. 네덜란드에 특별한 배경이나 삶의 기반도 없는 박연으로서는 조선이 싫을 이유가 없었다. 박연에게는 우연히 새로운 삶의 기회가 주어진 것이었다. 반대로 하멜은 필사적으로 돌아가야 했다. 두고 온 저택과 재산을 포기하고 남아 있을 이유가 하나도 없다. 그러니 수없이 탈출을 시도하다가 전라도까지 유배를 당하게 되었다. 동일한 시대에 동일한 공간인 조선에서 완전히 다른 두 네덜란드인이 살았다고 할 수 있다. 《하멜표류기》에 의하면 박연은 70세 이상까지 살았다고 한다. 당시 인류의 평균수명이 40~50세였다는 것에 비추어보면 상당히 장수했음을 알 수 있다. 비교적 편안한 삶을 살았다고 할 수 있을 것이다.

4. 박지원(1737~1805) : 기행문의 사실주의가 탄생하다

정조 4년인 1780년 박지원이 청나라를 여행하며 쓴 《열하일기》는 보석 같은 탐험의 기록이 되었다. 그런데 이 《열하일기》는 우연의 산물이다. 원래는 청나라 건륭제의 생일을 축하하기 위해 베이징까지 갈 계획이었지만, 청 황제가 여름 피서지인 서쪽 지역의 열하에 머물고 있는 관계로 어쩔 수 없이 하게 된 긴 여행의 결과물이기 때문이다. 베이징까지 왔는데 그냥 돌아가기에는 고생이 아까웠다. 오늘날의 시

연암 박지원

각에서는 얼마 되지 않는 거리일 수 있지만, 그 당시에는 강을 건너고 산을 넘고, 사막을 지나 몇 달을 걸어야 하는 거리였다. 이 의도하지 않은 여정이 박지원의 호방한 성격으로 인하여 청나라의 대자연과 뒷골목, 민초의 삶을 사실적으로 재미있게 묘사한 걸작이 되었다.

• 열하일기는 왜 시대의 문제작이 되었나?

《열하일기》는 베스트셀러가 되었다. 그러나 근 150년 동안을 이 사람 저 사람이 베껴가서 읽는 필사본으로만 전하다가 1932년에야 책으로 나왔다. 필사가 되는 과정에서 있던 것이 없어지기도 하고, 없는 것이 가필되기도 해서 원형을 알기 힘들다. 청나라에 우호적인 사람은 비판적인 내용을 삭제했고, 또 청나라를 오랑캐라고 생각하는 사람은 비판적 내용이 통쾌하여 과장하거나 더하기도 했다. 왜 이렇게 인기가 있으면서도 책으로 출판되지 못하는 모순적인 상황이 발생했을까? 《열하일기》에는 박지원의 실학사상이 잘 드러나 있다. 실학사상은 '하늘과 땅의 이치가 온 우주에 서려 있다.'고 하는 관념적인 이야기를 하는 것이 아니라, 실제 생활에서 배워야 할 것과 버릴 것을 구별한다. 박지원이 청나라를 여행할 당시 조선의 백성은 벽에 구멍이 숭숭 뚫린 다 쓰러져 가는 초가집에서 살았는데, 막상 오랑캐라고 무시하는 청나라에 가서 보니 백성들도 벽돌로 만든 2층 집을 지어 살고 있는 것이 아닌가. 조선에서 벽돌집은 벼슬아치의 저택이 아니라면 상상할 수도 없었다. 박지원이 받았을 문화적인 충격을 엿볼 수 있다. 또한 박지원은 농

더 재미있는 사실은 생일 축하 사절단에 끼이게 된 것도 우연이다. 박지원은 벼슬이 없는 평범한 사람으로 사절단을 수행할 자격이 없었지만, 사절단의 대표였던 친척의 권유로 사절단에 합류했던 것이다. 물론 중국으로의 여행길이 워낙 먼 고생길이어서 누구나 기를 쓰고 가려고 하지는 않았다.

• 나도 '열하일기'를 쓸 수 있다!

민호는 방학이 되어 집에서 뒹굴뒹굴 놀고 있다. 심심하던 차에, 부모님이 운 좋게 땡처리 항공권을 구해 베트남 다낭에 다녀오자고 했다. 게으른 민호는 별로 내키지 않았으나 따라 나섰다. 해변과 호텔 방, 식당이 그가 돌아다닌 전부였다. 그런데 돌아오는 날, 태풍이 불어 비행기가 뜨지 못하는 상황이 발생하여 며칠 더 머물러야 했다. 호텔 방에만 머물며 답답해하는 민호에게 부모님이 말한다. "피할 수 없다면 즐겨라." 그래서 민호는 호텔 방을 나와 가보지 않은 시장과 도시의 골목을 걸어본다. 처음에는 낯설고 두려움도 있었으나, 해수욕장에서는 보지 못한 재미있는 것들이 가득하다. 먹어보지 못한 현지 음식을 맛보고, 베트남 사람들의 사는 모습 중에서 신기하고 재미있는 것들을 발견한다. 민호는 사진을 찍어 SNS에 올린다. 그러자 친구들이 여기가 어디냐고 묻는다. 베트남이라고 하자 모두가 놀란다. 친구들이 아는 베트남은 그런 곳이 아니었기 때문이다.

사나 근근이 짓고 있는 조선 백성의 현실을 안타깝게 생각하면서 청나라의 상공업의 발전을 부러워한다. 그 당시 조선의 사대부들에게는 당혹스런 묘사였다. 그렇다면 중국을 추종하던 사대부들이 중국을 칭송

하는 것을 왜 싫어했을까? 그 이유는 청나라는 한족이 아니라 만주족이 세운 나라였기 때문이다. 사대부들은 아직도 멸망한 명나라를 숭배하며 유학사상에 빠져 있었다. 심지어 명나라를 복원하기 위해 청나라를 정복해야 한다는 북벌론의 허상에 빠져 있었다. 그러니 《열하일기》의 내용은 신선한 충격이기는 했지만 대놓고 좋다고 말하기에는 배알이 꼴렸다. 반대로 어떤 사람에게는 청나라의 발전상을 알려야 하는 교본이었다. 이런 시대상 때문에 《열하일기》는 공식적으로 책으로 출판되지 못한 채, 알음알음으로 읽히는 '베스트셀러'가 되었다. 오죽하면 후손이 열하일기를 불태워버리려고 했다. 이처럼 정치적으로 민감한 내용들이 담긴 책인지라, 잘못하면 집안에 큰 격변이 들이닥칠지도 모른다는 불안감 때문이었다. 아무튼 원본이 사라진 이유는 보관을 못해서가 아니라, 이런저런 사연들이 있었기 때문이다.

• 사실주의적 기행문학

그렇다고 해서 《열하일기》가 정치적으로 민감한 내용만 품고 있는 것은 아니다. 구체적이고 재미있는 생활상의 묘사가 백미이다. 지금이야 소설이나 드라마에서 실생활을 보여주는 것이 당연한 일이지만, 그 당시 조선에는 그런 식의 생각 자체가 없었다. 임금이나 귀족의 인생을 아름답게 치장하여 기록으로 남기기는 했지만, 평범한 일반인의 생활모습은 묘사의 가치가 없다고 생각했기 때문이다. 서양에서도 '리얼리즘'이라는 사조가 생긴 것은 오래 되지 않은 일이다. 사절단의 행동범위는

아주 좁게 정해져 있었다. 신문물에 대한 정보를 빼내 조선으로 가져가
는 것을 방지하기 위함이었다. 그런 관계로 이전에 청나라를 방문한 자
들은 숙소에서 수박 겉핥기로 청나라를 이해할 수밖에 없었다. 이렇게
야간 외출이 금지된 상황에서 감시인에게 화장실을 간다고 속이고 밤
새 놀다가 들어오는 모습은 예나 지금이나, 동양이나 서양이나, 어디에
나 있음직한 재미있는 일탈이다. 그런 일탈적 행동으로 인하여 청나라
의 진면목을 살펴볼 수 있었다. 또한 잠시 쉬고 있는 곳에서 예쁜 뒷모
습에 반해서 따라간 여성의 얼굴을 확인하고는 너무나 실망했다는 등
의 우스갯소리도 실려 있다. 박지원은 벼슬을 하지는 않았지만 당시에
꽤 명망이 있는 선비였다. 그런 사람이 자신의 신분에 구애받지 않고
이렇게 진솔한 표현을 한다는 것 자체가 파격이었다. 술에 대한 에피소
드를 보자. 한 번은 주막에서 쉬어가게 되었다. 분위기가 예사롭지 않
았다. 힘깨나 쓸 것 같은 사내들이 박지원 일행을 우습게 바라본다. 나

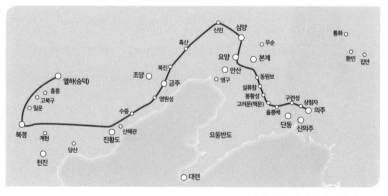

《열하일기》에 나온 박지원의 여정

그네에게 텃세를 부렸다. 쉬는 것이 불안하다. 이를 눈치 챈 박지원은 상에 놓인 작은 술잔을 던져버리곤 청나라 독주를 항아리 채 벌컥벌컥 들이마셨다. 이를 본 사내들이 그 자리에서 무릎을 꿇고 용서를 빌었다. 박지원 자신이 무용담을 과장했을 수도 있고, 누군가 책을 베끼는 과정에서 가필을 했을 수도 있다. 재미있는 것은 겉으로는 호방하게 술을 들이켰지만 속으로는 걱정이 태산이었다는 것이다. 그런 기 싸움에서 이겼다. 너무 많이 마셔 내심 속탈이 날까 걱정을 했지만 청나라 술이 독하지만 깨끗하다는 술 예찬도 빼놓지 않았다.

5. 문순득(1777~1847) : 일개 홍어 장수가 조선왕조실록에 나오는 이유는?

조선 후기에는 실학사상의 영향으로 조선에도 상업이 성행하게 된다. 1801년 12월, 전라도 우이도라는 섬에 살며 홍어를 떼다 팔던 24살의 청년 문순득은 장사치 일행과 흑산도에 갔다가 돌아오는 길에 태

홍어 장수 문순득

풍을 만난다. 바다에서 한 달 이상을 표류하던 이들은 1802년 1월 류큐국에 도달한다. 류큐국은 지금의 일본 오키나와를 말한다. 오키나와는 일본에 정복되기 전까지 독립왕국이었다. 현지인들은 문순득 일행을 잘 대접해주었다. 밥과 채소는 물론 고기까지 조달해주었고, 의사를 대동하여 건강도 돌봐주었다. 한 달 이상을 굶주렸으니 몸이 정상

일 리가 없었다. 문순득 일행은 1년 가까이 그곳에 머물면서 건강을 회복하고, 류큐어를 배워 그곳이 어디인지를 알아낸다. 제주도 남쪽 먼 바다의 섬이라는 것은 대충 알았지만, 그곳에서 조선으로 돌아가는 방법까지 알아낼 수는 없었다. 하지만, 희망적인 사실 몇 가지를 발견했는데, 그것은 류큐국이 일본보다는 중국에 더 우호적이라는 것과 중국에 조공을 바치기 위해 일 년에 두 번 배를 띄운다는 사실이었다. 문순득 일행은 중국을 거쳐 조선으로 가는 길을 택하고 배에 몸을 싣는다. 지금 생각하면 별 것 아닌 거리이겠지만, 그 당시에는 몇 년이 걸릴지도 모르는 엄청난 여정이었다. 아무튼 중국을 거쳐 조선에 갈 수 있다는 희망은 있었다. 그러나 사람의 운명이란 얄궂었다. 하필 중국으로 가는 길에 또 태풍을 만난다. 이번에는 오키나와보다 더 남쪽으로 떠내려가 필리핀의 루손 섬에 도착한다. 루손은 조선이나 오키나와와는 왕래가 없는 섬이었다. 더욱이 루손은 해적의 노략질로 고생을 하고 있었기 때문에 문순득 일행 역시 해적으로 의심을 받을 수밖에 없었다. 처음에는 위협을 받았으나, 점차 오해가 풀렸다. 자유롭게 살게는 해주었으나 오키나와에서처럼 물질적인 도움을 받지는 못했다. 문순득 일행은 노동을 하며 생계를 이어갔다. 그곳에서 다시 1년을 버티었다. 하늘이 도와 중국 상선이 루손 섬에 들어와 그 배를 얻어 타고 중국의 마카오로 이동한다. 마카오에서부터는 걸어서 난징과 베이징을 거쳐 압록강에 도착했다. 그리고 압록강을 건너 조선 땅을 밟았다. 이후 문순득은 1804년 12월에 한양에 도착하고, 1805년 1월 드디어 고향인 우이 문순득은 글을 배우지 못했다. 총명했던 그는 입담으로 재미있게 경험을 이야기 할 수는 있었지만 후대를 위해 문자로 기록할 수는 없었다. 그의 이야기는 소문을 통해 퍼져나갔다. 세상이 중국, 일본, 기껏해야 류큐국 정도라고 생각했던 사람들은 필리핀의 존재에 대해 놀랐다. 더욱이 그가 본 서양식 성당에 대한 이야기는 신비로웠다. 필리핀은 스페인의 식민지였기 때문에 높이가 어마어마한 천주교 성당이 있었다. 어느 날 문순득은 다시 홍어를 떼기 위해 흑산도에 들렀는데, 이때 마침 흑산도에

유배 온 실학자 정약전을 만나게 된다. 정약전은 문순득의 이야기에 남다른 흥미를 느끼고 그의 구술을 책으로 쓰게 된다. 이것이 그 유명한 《표해시말漂海始末》이라는 책이다. 표해시말은 바다에 떠다닌 시작과 끝이라는 뜻이다. 내용 중에서 루손 국에서 화폐가 광범위하게 유통되고 있다는 사실은 충격을 준다. 화폐의 유통은 상공업의 발전을 가능하게 만드는 제도였다. 실학자들이 조선의 화폐 유통의 필요성을 제안하는 등, 일개 장사치인 문순득의 경험담은 조선사회에 커다란 영향을 끼쳤다.

도로 돌아온다. 집을 떠난 지 3년 2개월이 흐른 뒤였다.

• 그러나 알고 보니 문순득은 천재였다

1801년 검은 피부의 외국인 무리가 제주도에 표류하여 온 일이 있었다. 생김새로 보아 일본인이 아닐뿐더러, 서양인도 아니었다. 말이 전혀 통하지 않으니 도무지 그들이 어디에서 왔는지 알 수 없었다. 조정에서는 일단 중국으로 보내 고향으로 돌아가게 배려했지만, 황당하게도

청나라에서조차 이들이 어느 나라 사람인지 모른다고 하며 조선으로 되돌려 보냈다. 그 사이에 일부는 병으로 죽었다. 그렇게 9년이나 제주 도에 머무르고 있었다. 조정에서 문순득을 대동하여 그들을 만나보도 록 했다. 문순득은 유창한 필리핀어로 말을 걸어 그들이 필리핀에서 왔 다는 사실을 알아냈고, 고향으로 돌아갈 길이 열린 그들은 대성통곡을 했다. 한국 역사상 최초의 필리핀어 통역사인 셈이다. 이에 조정에서는 문순득에게 높은 직위의 명예벼슬을 하사한다. 비록 명예직이기는 하 지만, 홍어장수 문순득이 벼슬을 얻은 것이다. 그렇게 인생역전에 성공 한 문순득은 세간의 명예와 함께 행복하게 살다가 1847년에 생을 마 쳤다고 한다.

여러 가지 정황으로 미루어봤을 때, 총명했던 문순득은 기억력과 언 어습득 재능을 지닌 것이 분명하다. 살아서 돌아오기 위해 악전고투를 하는 과정에서, 특히 사전도 없고 외국과의 교류가 없었던 시대에 시골 의 어부이자 장사꾼이 그런 능력을 지녔다는 것이 신기할 따름이다. 하 멜과 박연만 보더라도 자신들의 출신이나 신분 을 제대로 알리지 못했 고, 제주도에 표류했던 필리핀인들 역시 9년 동 안이나 자신들이 어디에 서 왔는지조차 해명하지

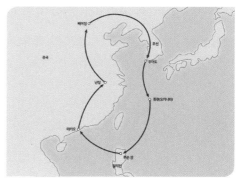

문순득의 귀환 경로

- 문순득이 본 특이한 외국 문화: 타국의 문화는 나의 기준으로 판단할 문제
  가 절대로 아니다!

류큐국에서는 음식을 젓가락으로 집어 입으로 먹는 것이 아니라, 손바닥에 올려 놓고 입술로 훔쳐 먹는다. 그 이유를 물으니 젓가락은 불경한 것으로 입에 넣으면 안 된다는 대답을 들었다. 왜 젓가락이 불경한 것일까? 골똘히 생각할 필요 없다. 그들이 그렇다면 거기서는 그것이 옳다. 남이야 전봇대에 매달려 봉체조를 하건 말건! 필리핀의 루손 섬에서는 체한 듯 속이 답답하면 빗물을 마셔 설사를 유도한다. 몸속의 나쁜 것들을 몸 밖으로 배출해내는 일리가 있는 방법이지만, 다른 한편으로는 상당히 위험한 방법이기도 하다. 그러나 별 의약품이 없었던 그 시대상을 고려하면 인간이 선택할 수 있는 최선의 방법이기도 하다.

못했다. 그러나 문순득은 3년 동안 갖은 고생을 다하면서도 류큐어와 필리핀어를 배워서 돌아왔다. 한참의 시간이 지난 후에도 잊지 않고 필리핀어 통역을 할 수 있었다. 그의 표류 생활은 하루하루가 생존의 투쟁이었을 것이다. 문순득은 생존을 위해 현지어를 익혀야 했을 것이다. 굶어 죽지 않기 위해서는 일자리가 필요했을 것이고, 일자리를 구하기 위해서는 현지어가 필수적이었을 것이다. 또한 다시 고향인 우이도로 돌아오기 위해서는 여비를 마련해야 했을 것인데, 이 역시 현지어로 소통하지 않고는 불가능한 일이었다. 무엇보다 어떤 나라의 배가 언제 어느 항구로 들어오는지, 필요한 정보를 얻기 위해서도 현지어 반드시

필요했을 것이다. 진취적인 성격이 그를 살아 돌아오게 만든 원동력이 아니었을까. 전라남도 신안군 우이도에는 문순득 생가가 있으며 선착장에 그의 동상이 세워져 있다.

•《표해시말》: 바다에 떠다닌 시작과 끝

《표해시말》은 출범 - 표류 - 귀환 - 후기로 구성된다. 풍속, 옷차림, 특산물, 말 등이 자세히 기록되어 있다. 안타깝게도 이 책의 원본은 전해지지 않는다. 박지원의 《열하일기》와 마찬가지로 필사본으로만 그 내용을 알 수 있다. 정약용의 제자인 이강회의 《유암총서》 첫 머리에 내용이 필사되어 있다. 이강회는 이 이야기가 흥미진진하여 표류했던 사람들을 모두 만나보았으나 다른 사람들은 정말 아무것도 기억하는 것이 없었고, 오직 문순득만이 그 여정과 나라의 특징들을 정확히 기억하고 있었다고 한다. 같은 경험을 했어도 이렇게 다르다.

6. 나카하마 만지로(1827~1898): 이보다 영화같은 삶이 있을까?

• 소년 어부

나카하마 만지로는 1827년 1월 27일 찢어지게 가난한 집안의 둘째 아들로 태어났다. 서당에도 다니지 못해 글을 쓸 수 없었다. 그러나 개구쟁이에다 낙천적인 성격이었는데, 이것이 그를 드라마틱하게 생존하게 했던 힘이었다. 설상가상으로 아버지가 병으로 죽고 어머니는 남의 농사를 지어주고 질이 안 좋은 곡식을 얻어와 아이들을 먹여 살렸다.

형은 병약하여 만지로는 어릴 때부터 남의 집 장작을 패주거나 쌀을 찧는 중노동을 해주고 먹을 것을 얻어온다. 그 일이 너무 힘들던 차에 우연히 어린 만지로는 인부를 구한다는 소식을 듣고 어선을 타게 되었다. 1841년 1월 5일, 그가 탄 작은 어선은 폭풍우를 만나 갑자기 근해 바다까지 떠내려갔다. 그 정도라면 육지로 돌아올 수 있었겠지만, 눈 깜짝할 사이에 급속히 빠른 해류를 만나 태평양으로 휩쓸려간다. 모든 것이 하룻밤 사이에 벌어진 일이었다. 만지로 일행은 잡은 고기와 약간의 쌀, 빗물을 마시며 견딘다.

• 무인도

만지로 일행은 몇 날 며칠을 바다에서 떠다니다가 태평양에서 섬을 발견한다. 모두 힘을 다해 섬에 접근한다. 그 섬은 일본에서 수백 킬로미터 떨어진 무인도였다. 그들은 동굴에 여장을 푼다. 섬에서는 먹을 것을 구할 수 없었다. 그들은 빗물을 마시고, 해초와 물고기를 먹으면서 143일을 견딘다. 어느 날 큰 배가 다가온다. 만지로 일행은 옷을 벗어 흔들고 소리를 질렀지만 배는 그대로 지나가버렸다. 절망하고 있던 차에 한 나절이 지났다. 그 배가 다시 섬으로 다가왔다. 배에서 작은 쪽배를 타고 서양인들이 다가왔다. 그러나 그들은 만지로 일행을 구하기 위해 섬으로 다가온 것이 아니었기에 만지로 일행을 발견하고 놀란다. 쪽배는 바위 때문에 섬에 정박할 수 없었다. 만지로 일행은 죽기 살기로 헤엄을 쳐서 그들에게 다가갔다. 그들은 만지로 일행을 쪽배에 태워 큰 배로 데려간다.

• 존 하울랜드 호에 승선하다

만지로 일행을 구해준 배는 미국의 포경선 존 하울랜드(John Howland) 호였다. 무인도에서 버틴 지 5달이 지난 후였다. 구조된 당시 만지로 일행은 다 찢어지고 때가 꼬질꼬질한 기모노를 입고 있었다. 풀어헤쳐 져서 어깨까지 늘어진 머리카락과 피죽도 못 먹어서 해골만 남은 얼굴 은 유령처럼 보였다. 존 하울랜드 호의 선원들에게 만지로 일행은 처음 본 일본인이었다. 우여곡절 끝에 일본인이라는 것을 알아냈지만, 일본 으로 데려다 줄 수 없었다. 그들은 고래를 잡아야 했다. 또 일본은 쇄국 정책을 펼치고 있었기 때문에 외국인인 그들의 출입도 불가능한 상황 이었다. 만지로 일행은 배를 청소하고 식량으로 실은 돼지 등 가축을 키우며 보낸다. 그러나 문순득이나 만지로처럼 모험을 즐기는 사람들 은 운명을 타고난다. 쉽지 않은 환경 속에서도 만지로는 미국인들의 대 화를 열심히 듣고, 반복해 소리를 내며 영어를 익히고 있었다.

• 미국 소년, 존 만지로가 되다

그렇게 반년의 시간이 흘렀고, 만지로 일행은 하와이에 도착한다. 그 동안 만지로는 포경기술, 영어, 미국인의 문화 등을 익혔다. 그들과 스 스럼없이 어울리는 만지로를 미국인 선원들도 무척이나 귀여워했다. 그는 타고난 탐험가였다. 하와이에 도착한 일행의 대부분은 그곳에 남기를 원했지만, 만지로는 바다로의 모험을 희망했다. 존 하울랜드 호의 선상 윌리엄 윗필드는 만지로를 마음에 들어하여 포경 선원으로 취직을 시킨 후, 포경선의 이름을 따 존(John)이란 이름을 지어주었다. 이에 만지로는 알파벳을 익히기 시작했다. 적당히 눈치껏 익히는 영어가 아니라, 정식으로 글을 읽고 쓰는 방법을 배우기로 결심한 것이다. 선장이 놀랄만큼 만지로의 머리는 비상했다.

• 당돌한 소년, 만지로

구조한 이후부터 거의 1년 동안 만지로를 지켜본 선장은 만지로에게 미국에 가서 정식교육을 받아보면 어떻겠느냐고 물어본다. 물론 꼭 그렇게 하려는 것은 아니었다. 만지로와 같은 처지에 놓인 10대의 소년이라면 누구라도 집을 그리워할 것이라는 생각에 마음을 떠본 것인데 뜻밖에도 만지로는 자기를 미국으로 꼭 데려가 달라고 반대로 윗필드 선장에게 부탁을 한다. 일본의 쇄국정책으로 일본으로 돌아가는 것이 불가능하기도 했겠지만, 만지로는 성격이 워낙 진취적이었다.

• 운명적 만남은 모험 속에서 싹튼다

무인도에 표류하던 만지로가 구조된 것도 행운이었지만, 만지로에게 더 큰 행운은 그를 구조한 사람이 윌리엄 윗필드 선장이라는 것이었다. 윗필드 선장은 누군가의 장점을 발견하면 이를 키울 수 있도록 이끌어주는 특이한 사람이었다. 윗필드 선장으로 인해 만지로의 삶은 큰 변화를 겪게 되고, 성공가도를 달리게 된다. 포경선은 괌, 대만 근해, 일본 근해를 돌아 다시 하와이로 돌아오고, 또 출항하여 남아메리카의 최남단 칠레의 끝을 지나 대서양으로 항해하고, 선장의 고향인 미국의 동해안 메사추세추 주의 페어헤이븐(Fairhaven)에 도착한다. 만지로가 표류한 지 2년 반이 흐른 뒤인 1843년의 일이다.

• 일본인 미국유학 1호

어린 만지로는 선장의 양자가 된다. 영어는 물론, 수학, 항해술을 배웠다. 만지로는 또래 아이들에게 인종차별을 당하기도 했지만, 낙천적인 성격으로 이를 극복했다. 결국 만지로는 항해술 전문대학교에 진학한다.

• 지구상에서 가장 드라마틱한 인생을 산 사람!

존 만지로는 미국 이름 존과 일본 성 만지로의 결합이다. 성명만 보더라도 파란만장한 인생이 예측된다. 네덜란드인 박연이 조선 이름을 가졌듯이 많은 것이 상상된다. 그러나 박연과는 비교가 되지 않는다. 이 사람의 탐험기를 읽노라면 '설마 그럴 리가?', '꾸며낸 이야기가 아닐까?'하는 생각이 든다. 꾸며도 이렇게까지 꾸밀 수는 없다. 모두 사실이다. "인생이 가장 희귀한 드라마"라는 말도 있지 않은가.

이렇게 정규교육까지 받은 만지로는 나중에 일본으로 돌아와서 영어 회화교재를 출판한다. 언어에 타고난 재능이 있다는 것이 조선인 문순득과 유사하다. 다만 문순득은 끝내 글을 쓰는 것은 배우지 않아, 그의 경험이 정약전에게 구술한 내용밖에 남아 있지 않다는 것이 아쉽다. 만약, 문순득이 글을 쓸 수 있었다면 우리 역사에서 찾기 어려운 재미있는 이야기가 전해졌을 것이다.

• 어쩔 수 없는 이방인으로서

낯선 곳에서 살다보면 차츰 그곳의 현실을 알게 된다. 미국도 마냥 파라다이스는 아니었다. 교회에 가니 그는 백인 좌석에 같이 앉을 수 없었다. 사람들은 그에게 흑인들이 앉는 좌석에 앉으라고 했다. 이 교회 저 교회 옮겨도 보고 노력도 했지만, 백인 기독교인들의 편견은 사라지지 않았다. 긍정적이고 낙천적인 만지로도 그들의 편견과 차별에 지쳐갔다. 그러다 보니 고향에 있는 어머니와 가족들이 그리웠다. 향수병이 생기고 만 것이다. 만지로는 그 과정에서 윗필드 선장이 아무리 자신을 친자식처럼 대해줘도 미국사회 전체는 윗필드 선장의 마음과 다르다는 깨달음을 얻었다.

• 자립을 결심하다

1845년 2월 만지로는 윗필드 선장에게 이제 독립해서 스스로 살아가겠다고 말한다. 만지로의 결심을 이해한 선장은 만지로의 독립을 허락한다.

이제 만지로는 혼자서 모든 것을 해결해야 했다. 방을 구하고 학교에 다니는 일은 물론 끼니를 챙기는 일 등의 사소한 일까지 누구의 도움도 없이 해결해야 했다. 이때 만지로의 나이는 17, 18세였다.

만지로는 고래 기름을 담는 통을 만드는 공장에서 일하며 전문대학교를 다닌다. 영양실조와 피로로 쓰러지는 경우도 있었다. 그러나 어떤 어려움도 만지로를 무너뜨리지는 못했다.

• 미국 사회에 홀로 서다

19세가 되던 1846에 만지로는 항해술 전문대학교를 졸업한다. 전문지식을 소유한 만지로는 이제 정식 직원으로 취업을 할 수 있었다. 만지로는 수 년 동안 프랭클린이라는 배를 타고 오대양을 항해한다. 하와이에 들렀을 때, 만지로는 그와 함께 표류했었던 동료 일본인을 만난다. 그들은 영어를 완벽하게 구사하고, 미국회사의 정식 직원이 되어 일하고 있는 만지로를 보고 감탄했다. 하지만 그들은 고향인 일본을 대신해서 선택한 하와이에서 그리 만족스러운 삶을 살고 있지는 못했다.

• 미국인들이 인정한 일본인

고래를 찾아 긴 항해를 계속하다 보면 정신적으로 문제가 생기기도 하는데, 하필이면 만지로가 선원으로 일하는 프랭클린 호 선장의 정신에 무제가 생겼다. 그의 증세는 점점 심해져서 선원들에게 귀신이라고 소리치며 칼까지 휘두르게 되었다. 프랭클린 호의 선원들은 회의를 한다. 그리고 미국에 도착할 때까지 선장을 감금하기로 결정한다. 배는 필리핀 루손 섬에 들러, 필리핀 미국 영사관에 선장을 내려놓고, 다시 항해를 시작한다. 루손 섬은 문순득이 표류했던 곳이기도 하다. 프랭클린 호의 선원들은 임시 선장을 뽑는 투표를 한다. 해적을 만나거나 위험한 상황에서 일사불란하게 움직이려면 지도자가 필요했다. 위급한 상황에서 일을 잘 처리할 뿐만 아니라, 남을 돕는 성격인 만지로는 부선장으로 선출된다.

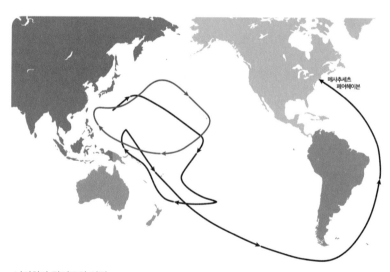

나카하마 만지로의 여정

• 세계일주

만지로는 프랭클린 호를 이끌고 대만, 류큐국(현재 일본의 오키나와),
괌, 파푸아뉴기니, 인도네시아를 거쳐, 인도양을 건너 인도를 지나고 아
프리카의 최남단 희망봉을 돌아 대서양을 다시 횡단하여 미국의 뉴 베
드포트 항구로 귀항한다. 어린 일본인 소년은 미국에서 인정받는 어엿
한 청년으로 성장했다. 그곳에서 만지로는 자신을 양자로 삼고 성장의
기회를 주었던 윗필드 선장을 찾아가 고마움을 표한다.

• 배를 사겠다는 원대한 꿈

만지로는 여기에서 멈추지 않는다. 어머니와 가족도 만나고, 쇄국정
책으로 발전을 멈춘 일본을 개국시키고 싶은 마음이 생겼다. 그러나 일
본은 위험했다. 그래서 그가 일차로 선택한 곳은 일본과 가까운 류큐국
으로 가는 것이었다. 안전한 그곳에서 자기가 신세계에서 본 신문물을
이야기해서 천천히 일본의 문을 열겠다고 마음먹는다. 가장 먼저 만지
로는 배 한 척을 구입한 다음, 하와이에서 살고 있는 과거의 동료들과
함께 그 배를 타고 돌아가겠다고 마음먹는다. 그때나 지금이나 배를 사
는 것이 쉬운 일은 아니지만, 꿈이 있으면 반드시 길은 있기 마련이다.
만지로는 작은 체구를 지녔지만, 증기기관차처럼 앞으로 달려갔다.

• 금광에 가다

1849년 미국은 금광 열풍에 휩싸인다. 캘리포니아에서 금광이 발견

나카하마 만지로

되었기 때문이다. 소식을 전해 들은 만지로는 캘리포니아로 달려가 금광에서 일한다. 고된 노동이었지만 보수는 배를 타는 것과 비교가 되지 않을 정도로 많았다. 만지로는 여기서도 수완을 발휘했다. 처음에는 노동자로 일했으나 곧 자신의 구역을 샀고, 그곳을 채굴한 결과 금이 발견되어 커다란 성공을 거두게 되었다. 배를 구입할 수 있는 자금이 마련되자, 만지로는 금광의 소유권과 채굴 장비 등을 자신에게 도움을 주었던 사람들에게 넘긴다. 만지로의 목표는 돈을 버는 것이 아니었기 때문이다. 캘리포니아에서의 생활을 모두 정리한 만지로는 곧장 메사추세추로 돌아온다.

• 귀향하는 만지로

이제까지 믿기지 않는 이야기의 연속이다. 소년이었던 만지로가 표류한 지 10년이 지난 1850년, 만지로는 자신의 힘으로 구입한 배를 타고 귀향을 결심했다. 1851년 윗필드 선장을 찾아서 감사의 인사와 함께 작별을 고한다. 선장이 끼친 선한 영향력일까? 만지로는 하와이에 들러 그곳에 남아 있는 동료들을 배에 타도록 한다. 그중의 한 명은 하와이 원주민과 결혼해서 하와이에 남기로 했다. 만지로와 일행은 배에 '모험'이라는 의미의 어드벤처 호라고 이름 붙였다. 하와이를 출항한

지 한 달 만에 류큐국에 도착한다. 그리고 끝없는 기다림과 인내로 결국 꿈에도 그리던 어머니와 형이 있는 고향으로 돌아간다. 류큐국에 도착하고도 다시 몇 년이 흐른 뒤였다.

02 | 이제 남은 땅은 식민지 중에서도 오지이거나 얼어붙은 남극과 북극이다

지구의 땅 중에서 기름진 땅은 유럽의 여러 나라에 의해 분할되었다. 이제 남은 것은 쓸모없는 땅이었다. 그러나 정복의 욕망은 끝이 없다. 그 정복의 욕망은 탐험가의 개인적 명예와 맞물려 이제 오지나 남극, 북극으로 향하게 된다. 국가는 탐험가들을 지원하고, 탐험가들은 '최초'라는 깃발을 꽂기 위해 서로 경쟁한다.

1. 존 프랭클린(john franklin, 1786~1847) : 얼음 속의 미이라로 발견되다!

존 프랭클린

1845년 5월 영국을 출발하여 북극으로 가던 존 프랭클린은 그해 7월 그린란드와 캐나다 사이의 빙하에서 실종되었다. 뒤이어 이들을 구조하기 위한 선박이 출발하였다. 구조단은 프랭클린과 대원들이 남긴 흔적을 찾아냈지만 사람은 발견할 수 없었다. 결국, 추위와 굶주림에 모두 사망한 것으로 결론이 난다. 그러나 한 가지 희망적인 사항이 있었다. 존 프랭클린의 탐험대는 3년치의 식량을 가지고 떠났기에, 어딘가에 고립되어 생존해 있을지도 모르는 일이었다. 영국 정부는 거액의 현상금을 내걸고 그들을 찾는다. 그러나 아무것도 발견되지 않는다. 프랭클린의 아내는 포기하지 않았다. 이번에는 왕실의 도움을 받아 또 수색대를 파견하지만 그의 행방은 찾을 수 없었다. 그리고 10년이 지난 후에

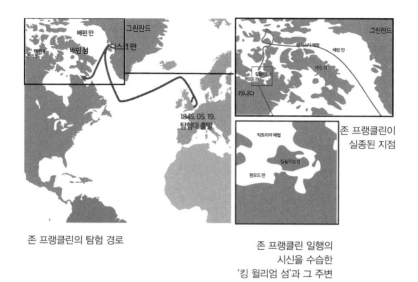

존 프랭클린의 탐험 경로

존 프랭클린 일행의
시신을 수습한
'킹 윌리엄 섬'과 그 주변

야 원주민 이누이트 족들로부터 그들의 시체를 보았다는 증언을 듣는다. 그곳에 돌무더기를 쌓아 무덤을 만들어 주었다고 말한다. 그러나 영국인들은 이누이트 족의 말을 믿지 않았다. 일단 그들을 아무것도 모르는 야만인이라고 생각했으며, 백인들의 영역 침범에 대해 반감을 가지고 있었기 때문에 일부러 거짓을 말한다고 믿었다. 수색대는 빙하를 샅샅이 뒤졌지만 시체조차 찾지를 못한다. 수색대는 곰이 시체를 먹어 치웠을 것이라고 추측한다. 이누이트 족의 말을 들었다면 프랭클린이나 일부 탐험대원들의 시체는 수습할 수 있었을 것이다. 이누이트 족들은 그곳이 생활의 터전이었기에 유럽인의 과학기술보다 앞선 생리적인 방향감각과 지리감각을 소유하고 있었다. 영국인들에게는 똑같은 얼음으로 보이지만 그들에게는 각각의 지명이 있었다.

• 100년 이상이 지난 후……

1980년대에 접어들면서 인류는 이제 마음만 먹으면 어렵지 않게 북극에 갈 수 있는 시대를 맞는다. 그리고 그 시점에 이누이트 족의 말대로 돌무덤이 발견되었다. 돌을 들쳐 내니 시체가 나왔다. 몸에서 수분이 빠져나가 바싹 마른 미이라가 되어 있었다. 동결되어 썩지는 않았다. 신원을 확인하기 위해 부검을 한 결과 결핵을 앓은 흔적과 납 중독이 발견된다. 납은 통조림에서 연유된 것으로 추측되었다. 납의 과다복용으로 판단력이 흐려지고 우울증에 시달리다가 표류하게 되었고, 결국은 빙하를 헤매다가 굶주려 사망한 것으로 보였다. 사체에서는 식인의 흔적도 발견되었다. 골수를 파먹은 흔적이 있었던 것이다. 납 중독에 의한 정신착란 때문으로 추정되었다. 아직까지도 이 탐험의 전모는 대부분이 미스터리로 남아 있으며, 시체의 주인공이 프랭클린과 그 일행들인지도 확실치 않다. 그들을 찾기 위해 떠난 수색대도 몰살을 당했기 때문이다. 지금까지도 영국에서는 프랭클린 탐험대에 대해 조사를 진행하고 있다.

2. 데이비드 리빙스턴(david livingstone, 1813~1873): 아프리카를 횡단하며
원시의 밀림 속으로 들어가다

"아프리카는 이미 수백 년 전에도 탐험을 했던 사람이 많은데, 19세기에 아프리카를 탐험했다는 사실이 뭐가 특별하다는 것일까?" 이렇게 의문을 품을 수도 있다. 그러나 이전까지의 탐험은 주로 항로를 개척하

는 것이었고, 식민지의 물자를 빼앗아오는
것으로 소기의 목적을 달성했다고 생각했다.
기껏해야 밀림의 보물을 실어오기 위해 현지
인을 동원하여 길을 뚫고, 항구에 자신들의
총독부 건물을 세웠다. 하지만, 데이비드 리
빙스턴은 백인들이 가기를 꺼렸던 밀림 속으
로 들어간다. 목적은 기독교를 토착민들에게

데이비드 리빙스턴

전파하기 위해서였다. 종교를 전파하면 식민지 원주민은 자신들의 정
체성을 잃고 식민지 본국에 동화되게 마련이고, 원주민들이 식민지 본
국에 동화하면 지배는 쉽게 이루어진다. 리빙스턴 역시 바로 그런 이유
에서 밀림 속으로의 탐험을 강행한 것이지, 오지에 대한 순수한 동경심
이나 모험심 때문은 아니었다.

리빙스턴의 본격적인 탐험은 1849년부터 시작된다. 그는 대서양 남
쪽에서 출발하여 칼라하리 사막, 은가미 호수, 빅토리아 폭포, 킬리만자
로를 거치며, 아프리카 내부를 지그재그로 여행한다. 물론 나아가기만
한 것이 아니라, 밀림 속 부족들의 거주지에 머물면서 기독교를 전파한
다. 마침내 인도양 쪽에 도착하니 장장 15~6년이라는 긴 세월이 흘렀
다. 그는 현지 부족의 말을 배웠고, 그 말을 통해 원주민들과 더 친해지
면서 기독교를 전파할 수 있었다. 그는 귀국하자마마 영웅대접을 받는
다. 그는 《아프리카 복음전파 여행》이란 책을 출판한다. 또, 자신이 지
나온 길을 지도로 제작함으로써 이후 선교활동을 떠나는 젊은이들에게

데이비드 리빙스턴의 탐험 경로

도움을 주고, 한편 대영제국의 아프리카 지배를 용이하게 만드는데 결정적인 역할을 한다. 그 후, 영웅이 된 데이비드 리빙스턴은 대규모 원정대를 꾸리는 특권을 얻는다. 그러나 이것이 실패의 원인이 된다. 처음의 탐험은 오로지 종교적인 신념으로 온갖 어려움을 극복할 수 있었으나, 사람이 많이 모이게 되자 각자의 이해관계가 첨예하게 대립하기 시작했다. 외관상으로는 선교단이지만, 속으로는 모두 자신의 야망만을 생각했다. 자금을 댄 자도 자기 야망이 있었다. 그들은 밀림 속에서 금광이라도 발견되기를 바랐다. 결국 2차 탐험은 변죽만 울린 채 실패로 끝나고, 이 경험을 거울삼아 다시 3차 탐험을 떠난다. 이번에는 북아프리카의 이집트에서 출발하여 나일 강의 기원을 찾아 나섰다. 리빙스턴은 많은 지리학적 정보를 유럽에 보냈다. 그렇게 거의 한평생을 밀림 속에서 산 데이비드 리빙스턴은 잠비아에서 노환으로 사망한다. 아프리카인들은 그를 친구로 받아들였다. 그의 심장과 내부 장기들을 땅에 묻은 다음, 몸은 부패하지 않도록 미이라로 만들어서 보존했다. 영국에서 사람들이 잠비아에 도착하고, 다시 그의 미이라를 영국으로 운반하는데 모두 6개월이 걸렸다. 그리고 영국에서는 국가적인 장례가 성대하게 거행되었다.

데이비드 리빙스턴은 아프리카 원주민의 친구였다. 그러나 불행히도 그가 개척하고 지도로 만든 루트를 이용한 사람들은 코끼리 상아 상인과 노예상인들이었다. 밀림 속으로 쉽게 들어간 그들은 코끼리를 무차별하게 죽였고, 은둔해있던 원주민 부족을 통째로 생포하여 노예선을 가득 채웠다. 노예무역은 더 활발해졌고, 리빙스턴이 개척한 길의 시작점인 해안 항구에는 최대의 노예시장이 형성되었다. 그의 목적은 선교였을 뿐, 이후의 비극은 그의 책임이 아니라고 말할 수도 있을 것이다. 하지만, 아프리카의 밀림 구석구석을 지도로 제작한 사람이 이후의 결과를 전혀 몰랐을까. 밀림이 개방되었을 때 벌어질 비극을 리빙스턴이 몰랐을 리는 만무하다. 그는 대영제국의 시민이고, 제국주의가 무엇인지 모르지는 않았다. 정말로 하느님의 말씀을 전파하고 원주민을 사랑했다면 '비밀의 길'을 알리지 말았어야 했다. 최소한 책까지 써가며 자랑하지는 말았어야 했다.

• 아시아의 밀림 속에서도……

아시아 역시 아프리카와 같은 처지였다. 식민지의 오지를 샅샅이 훑어보는 것이 식민지 지배자들의 마지막 과제가 된다. 프랑스의 고고학자인 앙리 무어는 캄보디아의 밀림 속으로 들어간다. 그는 우연히 밀림 속에서 앙코르와트를 발견한다. 엄밀하게 말하면 최초의 발견자는 그가 아니다. 앙리 무어에 의해 공론화되었을 뿐이다. 아무튼 그 충격이란 이루 말할 수 없었다. 미개하다고 생각했던 곳에 베르사유 궁전보다 훨씬 오래전에 지어졌으며, 또한 베르사유 궁전보다 훨씬 크고 화려한 건축물이 있었던 것이다. 아시아인이 이런 위대한 건축물을 지었을 리 없다고 생각한 그들은 처음엔 로마가 이곳까지 지배했었다고 주장한다. 그렇지 않고서는 앙코르와트의 존재를 받아들일 수 없었기 때문이다. 당시의 사고방식으로는 황당한 주장이 아니라 가능한 주장이었다. 그는 앙코르와트의 유물들을 프랑스로 싣고 갔다. 그리고 루브르 박물관에 전시를 할 계획이었다. 하지만, 유물이 너무 많아서 세심하게 관리할 수가 없었다. 프랑스로 운송하는 과정에서 많은 사람들이 유물을 빼돌렸다. 그중에는 노벨문학상을 수상한 앙드레 말로 같은 작가도 포함되어 있다. 한국의 고대 보물을 일본의 개인이 소장하고 있는 현실과 비슷하다.

3. 매튜 헨슨(matthew alexander henson, 1866~1955) : 세상에 흑인 탐험가도 있었나?

매튜 헨슨

메튜 헨슨은 1866년 메릴랜드 주에서 흑인 부모의 아들로 태어났다. 그의 탐험 역사가 비운에 가득 찬 것처럼 성장환경도 고난으로 가득 찬 사람이었다. 헨슨의 고향인 메릴랜드는 흑인에 대한 탄압이 극심했던 곳이었기 때문에 다른 곳으로 이주를 해야 했다. 이주를 마친 직후에 어린 헨슨은 어머니의 죽음을 맞는다. 아버지의 재혼으로 계모와 살아가던 중에 이번에는 아버지마저 세상을 떠나자 어린 헨슨은 삼촌의 손에 맡겨졌지만, 삼촌마저도 일찍 세상을 떠나 헨슨은 홀로 남겨진다. 그렇게 남겨진 헨슨을 거둔 것은 어느 배의 선장이었다고 알려져 있다. 그는 헨슨에게 읽고 쓰는 법을 가르쳤다고 하는데, 아마도 헨슨이 항해와 탐험에 인연을 맺는 결정적인 계기였을 것이다.

성인이 된 헨슨은 피어리와 북극을 탐험했지만 존재조차 알려지지 않고 있었다. 수십 년이 지난 후에 헨슨이 피어리와 동행했다는 사실이 알려졌고, 그로부터 10년이 지난 1944년에야 정부에서는 헨슨이 피어리와 함께 북극점에 도달했던 사람이라는 사실을 공식적으로 인정했다. 정부의 공식적인 인정에도 불구하고 그의 삶이 달라지지는 않았던 것으로 보인다. 헨슨이 지독하게 운이 없는 사람이었는지, 그렇지 않으

• 도대체 1등이 뭐길래? 탐험이 올림픽 100미터 경주도 아니고! 무엇이 진실인가?

세계사 책을 보면 최초로 북극점에 도달한 사람은 미국의 로버트 피어리로 알려져 있다. 그러나 실제로는 피어리가 아니라 메튜 헨슨이었다. 메튜 헨슨은 피어리의 조수였다. 북극점 가까이 도달했을 때, 메튜 헨슨은 이누이크 족과 함께 먼저 가도록 명령 받았고, 피어리는 그보다 몇 시간 후에 도착했다. 쉽게 말해, 안전을 확인하고 뒤따라 왔다. 피어리는 이 사실을 숨기고 자신이 최초로 도달했다며 공을 가로챘으나, 메튜 헨슨은 단지 흑인이었다는 이유로 그 사실을 발설하지 못했다. 말을 했어도 인정되지 않았을 것이다. 흑인은 동등한 인류로 대우받지 못하던 시절이었기 때문이다. 게다가 피어리가 도달했다고 주장한 곳도 정확히 북극점이 아니었다. 나중에 로알 아문센이 그 명예를 빼앗아간다. 북극점이면 어떻고, 북극점 근방이면 또 무엇이 문제란 말인가? 그렇다면 로알 아문센이 깃발을 꽂았다는 점이 1미터도 틀리지 않은 북극점인지는 어떻게 증명한단 말인가?

면 당시 흑인들의 삶이 그랬는지는 알 수 없지만, 헨슨은 빈민가에서 생활고에 시달리다가 1955년에 쓸쓸하게 생을 마감했다.

헨슨이 사망한 지 30년만에 미국 역사에 남긴 공적이 인정되어 알링턴 국립묘지로 이장 되었다. 그리고 2000년에는 영예의 메달을 수여했다. 비록 생전에는 업적을 인정받지 못하고 생을 마감했지만, 나중에라도 헨슨의 업적이 인정받게 된 것을 다행이라고 해야 하는 것일까. 쓸쓸함이 남는 것은 어쩔 수 없는 일이다.

남극 올림픽! 먼저 깃발 꽂는 자가 땅의 임자다

북극까지 탐험한 각 나라는 북극에는 별것이 없다는 사실을 확인한다. 거기에는 둥둥 떠다니는 얼음밖에 없었다. 그 다음 남아 있는 마지막 땅은 남극이었다. 각국은 남극 정복을 위해 혈안이 된다. 혹시 모를 금광을 발견하기 위해서였다. 탐험가는 탐험가대로 최초라는 명예를 얻고 국가의 영웅이 되기 위해 경쟁한다. 정보통신의 발달은 이 경쟁을 더욱 부추겼다. 이전에는 누군가 남극에 다녀왔다고 하면 한참이 지나 그 소식을 들을 수 있었지만, 이제는 어디쯤 가고 있다는 사실까지 서로 알게 되었다. 남극 정복을 향한 라이벌 경쟁은 노르웨이의 로알 아문센(roald amundsen), 영국의 로버트 스콧(robert scott)과 어니스트 셰글턴(ernest shackleton)의 일화가 유명하다. 이전의 대탐험은 그나마 자신도 모르는 곳으로 떠나는 여행이라는 나름대로 순수한 의미가 있었다. 그러나 이제 그런 순수한 동경은 필요 없다. 남은 것은 빨리 가서 깃발을 꽂는 속도전뿐이다.

4. 로알 아문센(roald amundsen, 1872~1928): 자신의 꿈대로 얼음 속에서 죽다

"승리는 준비한 자에게 오지만, 사람들은 이를 행운이라 부른다. 패배는 준비하지 않은 자에게 오지만, 사람들은 이를 불운이라 부른다." 아문센의 이 말은 그의 인생을 정확하게 표현하고 있다. 그는 냉철하고 불도저 같은 끈기를 지닌 사람이었다. 아무도 그의 업적을 이런 저런 구실로 폄하할 수 없다. 그의 죽음을 예언하는 에피소드가 있다. 어린 시절 아문센은 극지 탐험가가 아니라 평범한 수공업자가 꿈이었는데, 북극에서 실종된 영국인 탐험가 존 프랭클린의 기사를 보고 그 죽음에 이상하게도 끌리는 자신을 발견했다고 한다. "이상스럽기도 하다. 두렵거나 안타까워해야 할 그의 죽음이 왜 이토록 나를 열광시키고 흥분으로 이끄는지 나도 내가 이상하다." 죽음에 대한 매혹

로알 아문센

이 아문센 자신의 인생 방향을 바꾸도록 만들었다고 스스로 밝히고 있다. 결국 아문센의 타고난 탐험가적 기질이 결국 그를 죽음으로 이르게 하였다고도 할 수 있을 것이다. 아문센의 위대한 업적들과는 달리, 생전의 그는 자신의 업적과 관련된 여러 번의 도전에 직면했고 때로는 비난에 시달려야 했다. 그것은 영국이나 미국과 같은 강대국이 아니라, 상대적으로 약한 나라인 노르웨이 출신이었기 때문일 수도 있다.

• 피어리와의 악연

남극을 탐험하기 이전에 이미 그는 북극점 탐험을 계획하고 있었다.

로버트 피어리

그러나 출발하기 전에, 1898년 피어리가 북극점에 최초로 도달했다는 보도를 접한 아문센은 질투가 치솟았다. 죽어버리라는 악담도 서슴지 않았다. 노르웨이 인의 입장에서 보면 북극은 노르웨이의 이웃 땅과 같은 의미로, 바이킹 조상 때부터 도달하기를 꿈꾸는 곳이었기 때문에 아문센의 낙담은 클 수밖에 없었다. 아문센은 1903년 북극점에 도달한다. 물론 피어리 때문에 최초가 되지는 못했다. 그러나 피어리는 아문센보다 먼저 북극점에 가지 못했다. 그는 북극점에서 수십 킬로미터나 떨어진 곳에 갔다 왔을 뿐이었다. 그것도 메튜 헨슨이라는 흑인 조수 뒤에 도달했다. 그 진실은 아문센이 죽고 나서야 세간에 알려졌기 때문에 아문센은 죽기 전까지 자기가 북극점의 정복자인 사실을 몰랐다. 북극점을 다녀온 후, 아문센은 그의 성격대로 치밀하게 준비하여 남극에 도전한다. 1910년에서 1912년에 이르는 긴 시간이었다. 드디어 1911년 12월 24일, 그는 남극점에 도달한다. 정확한 루트뿐만이 아니라, 남극점의 방위 각도를 정확히 측정하여 기록으로 남긴다. 돌아오는 길에 그 측정이 잘못된 것이라는 것을 확인하고는 다시 돌아가 재확인했다. 남극점 도달의 증거는 확실했다.

• 로버트 스콧과의 악연

영국의 탐험가 로버트 스콧은 아문센이 남극점을 향하고 있을 때,

남극점에 선 아문센의 모습

그보다 먼저 도착하기 위해 속도를 내고 있었다. 로버트 스콧의 후원
자는 대영제국 정부였다. 그러나 그가 남극점에 도달했을 때, 불행하
게도 그들이 발견한 것은 아문센이 꽂은 노르웨이 깃발이었다. 로버트
스콧은 망연자실한다. 탐험의 의미를 잃은 로버트 스콧 일행은 돌아오
는 길에 방향을 잃고 피로와 굶주림으로 죽는
다. 그러나 영국은 로버트 스콧을 남극점 정복
자라고 교과서에 싣는다. 영국 판 '역사 교과서
왜곡 사건'이었다. 그 당시 영국의 힘을 생각해
보면 그 영향력이 얼마나 컸을지 상상이 된다.
전 세계가 그렇게 믿게 되었다. 그에 반해 노르
웨이는 힘이 없는 나라였다. 교과서 왜곡은 하

로버트 스콧

나의 예에 불과하다. 영국은 집요하게 이런 저런 사실들을 들어 아문센의 업적을 부정했다. 심지어 그의 인성이 냉혈적이라고 공격하기도 했다. 그러나, 시간이 흘러서 남극점이나 북극점 모두 아문센의 업적으로 공인되었다.

• 바이킹의 후예, 얼음 속에서 죽다

아문센은 명예를 얻었다고 탐험을 그만두지 않았다. 끊임없는 도전을 했다. 배를 타고 유럽에서 미국으로 가는 북극 항로 개척, 비행기를 타고 북극을 건너가는 항로 개척, 비행기로 북극점에 도달하는 모험, 개썰매로 알래스카를 횡단하는 탐험 등 그는 할 수 있는 탐험이란 탐험은 다 즐겼다. 나중에 심장병이 생겼다. 의사는 생명이 위험하니 탐험을 그만두라고 했지만 그는 죽음을 택했다. 1928년 아문센은 비행기를

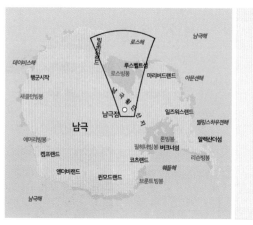 

아문센의 남극점 탐험 경로

타고 북극을 횡단하는 모험을 하다 정말로 북극에서 실종되었다. 프랭클린의 죽음에 매혹을 느낀 소년은 정말로 북극에서 죽었다. 그는 죽을 때까지 독신이었다. 이상하리만치 북극에 집착한 것을 보면 마치 북극을 이상향으로 사랑한 것처럼 보인다.

5. 로버트 스콧(robert scott, 1868~1912)과 어니스트 섀클턴(ernest shackleton, 1874~1922) : 동지에서 경쟁자로!

어니스트 섀클턴은 로버트 스콧과 같은 동시대 영국 탐험가로서, 초기에는 로버트 스콧의 디스커버리 호에 동승하여 남극 탐험을 시도하기도 했다. 남극 정복은 영국의 자존심이 걸린 문제였기에 디스커버리 호는 정부의 전폭적인 지원을 받는다. 자국인들끼리도 경쟁심이 있었던 것인지, 로버트 스콧에 의하면 섀클턴

어니스트 섀클턴

은 능력 없는 사람으로 묘사되었다. 결국 둘의 동행은 실패로 끝난다. 남극 땅에 도착하기는 했으나 남극점까지 가는 것은 역부족이었다. 둘은 각자의 길을 가게 되었고, 이후 로버트 스콧은 다시 탐험에 나선다. 그리고 1912년 1월 18일 로버트 스콧은 그토록 바라던 남극점에 도달했으나, 아문센보다 한 발 늦어서 남극점 도달이라는 성과는 빛을 잃어버린다. 아문센이 남극점에 도달한 날짜가 1911년 12월 14일이었음을 감안하면 로버트 스콧이 불과 1달 정도 늦게 도착한 것이었다. 결

국 로버트 스콧 일행은 남극에서 돌아오지 못했다. 그리고 섀클턴은 섀클턴대로 자기의 길을 간다.

• 정복이 중요한 것이 아니라 과학적 탐사가 중요하다

1907년부터 섀클턴은 독자적으로 남극을 탐험한다. 이번에는 탐험대의 대장 자격이었으며, 그의 모험은 1909년까지 계속된다. 그 와중에도 로버트 스콧의 견제가 끊이지 않아 어려움을 겪는다. 로버트 스콧이 기존에 개척해 놓은 루트의 사용을 금지하는 등의 딴지를 걸었기 때문이다. 탐험가들에게 개척 루트는 예민한 문제였다. 누군가 먼저 닦아 놓은 길을 통해 다녀오면 성과에 흠집이 생기기도 했다. 그래서 그 길을 의도적으로 돌아가거나, 루트를 조작하여 발표하기도 했다. 섀클턴

• 개와 말, 누가 더 유능한 짐꾼일까?

섀클턴의 본진은 남극점을 향해 가면서, 썰매를 끄는데 개 대신 추운지역에 적응한 몽골 산 조랑말을 사용했다. 섀클턴은 말이 개보다 먹이를 적게 먹고, 힘이 더 세다고 판단했다. 처음에는 그의 결정이 옳았다. 말의 몸체에 보온용 덮개를 씌우니 개보다 실용적이었다. 그러나 탐험이 장기화되면서 말들은 모두 죽고 말았다. 개는 피부로 땀을 흘리지 않지만, 말은 피부로 땀을 흘리는 것이 결정적인 죽음의 원인이 되었다. 말들은 흘린 땀이 얼면서 체온을 유지하지 못했고 결국 죽었다. 적어도 남극에서만큼은 개가 말보다 낫다.

이 지휘한 탐험대는 대규모였다. 요즘으로 치면 베이스캠프를 차려놓고 여러 전문가 팀을 활용해서 남극의 지리, 토양, 자원, 동물과 식물 등을 다각도로 연구했다. 등반대는 남극 최대의 산인 에러버스 정상에 올라 과학적인 방법으로 높이를 확인했고, 화산이 활동하고 있다는 사실도 확인한다. 또 다른 지질 탐사대는 석탄의 흔적을 발견했다. 석탄의 흔

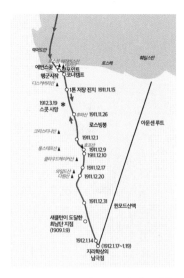

로버트 스콧의 남극 탐험

적은 과거에 나무가 자랐다는 것을 의미하는 것이기 때문에 남극대륙이 원래부터 얼음의 대륙이 아니라, 따뜻했거나 다른 곳에서 대륙이 이동했다는 증거가 되었다. 결과적으로 탐험 본대가 남극점에 도달하지는 못했지만, 1909년 당시로서는 남극점에 가장 가까운 지점인 150km 지점까지 진격하는 성과를 이루었다. 아문센과 로버트 스콧이 차례로 남극점에 도달한 것은 그 이후의 일이다.

썰매를 끌던 말들이 모두 죽어버려, 탐험의 말미에는 대원들이 직접 썰매를 끌어야 하는 상황이 되었다. 조금씩 나아갔지만 역부족이었다. 예정된 것보다 시간이 지체되다 보니 식량이 떨어졌다. 조금만 더 가면 남극점이었다. 섀클턴은 눈물을 머금고 철수를 명령한다. 무리를 한다면 남극점에 도달할 수도 있겠지만, 대원들의 생환을 장담할 수 없는

• 질투의 화신?

로버트 스콧은 섀클턴이 영웅이 되는 것을 보면서 질투심에 몸을 떨었다. 자신이 개척한 루트를 사용했다고 재를 뿌리고 싶었지만, 이미 섀클턴은 영웅이 된 터라 속 좁은 사람으로 비쳐질까봐 전전긍긍했다. 섀클턴이 로버트 스콧의 루트를 사용했을 수도 있다. 그러나 남극에 무슨 고속도로가 있는 것이 아닌 바에야, 겹치는 것은 당연했다. 하나의 희망이 남아 있었는데, 섀클턴이 남극점에 도달하지는 못했다는 것이었다. 섀클턴이 곧 재탐험을 떠난다는 사실이 알려지자, 로버트 스콧은 일인자가 되기 위해 서둘러 남극으로 향했다. 그러나 그 사이 아문센이 먼저 남극점에 도달했고, 로버트 스콧은 허탈감에 빠졌다. 결국 로버트 스콧과 대원들은 아무도 돌아오지 못했다.

일이었다. 섀클턴이 기지로 돌아왔을 때, 단 한 명의 대원도 목숨을 잃지 않았다. 엄밀하게 말하자면, 탐험은 실패였다. 하지만, 이 탐험 중단 결정으로 섀클턴은 영국의 영웅이 된다. 탐험 기사만 나오면 몇 명이 죽었다는 소식에 익숙한 사람들에게 전원 무사 귀환이라는 기사는 애국심을 고취하기에 충분했다. 남극점이든 남극점 근처든 그들은 남극을 '정복'하고 돌아왔다. 더불어 섀클턴이 연구한 남극의 지리, 지질, 토양, 기후 등의 기록은 이전까지는 없었던 과학적 성과로 남극대륙의 기원을 풀 수 있는 실마리가 되었다. 정복의 대상으로서의 남극이 아닌 진정한 남극의 발견이었다.

1914년, 1921년에도 섀클턴은 남극을 횡단하는 모험을 하기 위해 출발했다. 익히 알려진 길을 따라 남극점에서 되돌아오는 것이 아니라, 반대편으로 남극대륙을 횡단하는 모험을 감행한 것이다. 이 여정에서 섀클턴은 과로로 사망한다. 1922년 그의 나이 불과 47살이었다. 섀클턴과 로버트 스콧은 경쟁자였고, 둘 모두 남극 탐험의 위인으로 자국에서는 노르웨이의 아문센보다 추앙받는다.

6. 프리드쇼프 난센(Fridtjof Nansen, 1861~1930) : 욕심 없는 탐험계의 성인 군자 그리고 진정한 영웅

프리드쇼프 난센

프리드쇼프 난센은 노르웨이의 로알 아문센, 영국의 로버트 스콧과 어니스트 섀클턴, 미국의 로버트 피어리나 메튜 헨슨보다 먼저 활동한 북극과 남극의 탐험가로 노르웨이의 진정한 영웅으로 추앙받는다. 그는 뒤이어 나온 탐험가들에게 자신의 경험을 아낌없이 물려주었다. 자신의 명예나 야욕 보다는 진정으로 탐험 자체를 사랑한 사람이었다. 다른 사람들은 그의 선구자적 업적을 발판 삼아 항해를 했고 자신의 이름을 남길 수 있었다.

• 탐험가의 명예를 떠나서 그의 인간적인 업적은 무엇인가

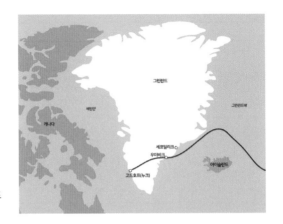

프리드쇼프 난센의 그린란드
탐험 경로

먼저 난센은 1888년 북극해의 그린란드 빙하를 동서로 횡단한 최초
의 인물이었다. 그 후 1893년 북극점 정복을 시도하였으나, 식량부족
으로 북극점을 거의 눈앞에 두고 발길을 돌려야 했다. 돌아오는 길에
식량이 떨어져 위기에 처했지만, 영국인들에게 구조되는 행운을 누렸
다. 북극에서 간신히 살아 돌아온 뒤에는 새로 독립한 조국 노르웨이의
발전을 위해 앞장서면서 탐험가로서는 더 이상 욕심을 부리지 않았다.
대신 후배 탐험가인 로알 아문센의 후원자가 되었다. 난센은 아문센에
게 자기가 탔던 항해선을 물려주었고, 자신의 동료였던 전문가 얄마르
요한센도 아문센의 탐험에 동행하도록 배려했다. 하지만, 요한센은 남
극 탐험에서 목숨을 잃게 된다. 아문센이 자신의 항해 회고에서도 말했
듯이, 1903년 그가 행한 북극점 탐험의 루트는 난센의 길을 따라갔다.
영국정부는 이 사실을 물고늘어지며 아문센의 성과를 끈질기게 깎아내

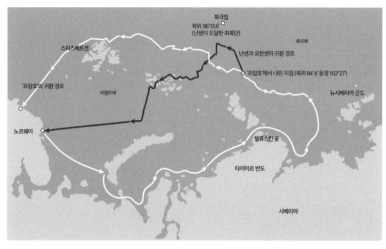

프리드쇼프 난센의 북극점 탐험 경로

렸다. 그러나 난센은 영국의 어니스트 섀클턴에게도 많은 정보를 주었다. 흥미로운 것은 난센은 섀클턴에게 개썰매를 사용하라는 조언을 했으나, 섀클턴은 그의 조언을 무시하고 조랑말로 썰매를 끌다가 남극점 도달에 실패했다는 것이다. 그럼에도 불구하고 탐험을 포기하는 현명한 결정으로 대원들과 함께 생환할 수 있었다. 반대로 같은 영국인인 로버트 스콧은 난센과 아문센의 조언도 무시하며 고집을 부렸다가 비참한 최후를 맞아야 했다. 난센은 고통 받는 사람들을 돕는 활동에도 적극적이었다. 노르웨이 자국에서는 말할 것도 없고, 인근 국가인 러시아에서 혁명과 내전이 발생하여 그 와중에 수백 만 명이 굶어죽게 되자, 사재를 털어서 구호소를 설립하여 많은 사람들의 생명을 구한다.

그는 1922년에 노벨 평화상을 받는다. 살벌한 경쟁이 펼쳐졌던 '탐험의 세계'에서 좀처럼 찾아보기 어려운 사람이라고 할 수 있다.

• 남극조약!

세계 각국이 앞다투어 남극에 진출하면서 자기 영토라고 주장하게 되자, 1959년 12월 1일, 미국과 소련(현 러시아)을 비롯한 12개국은 남극조약을 체결한다. 조약의 효력은 1961년 6월 23일로부터 발휘되고 있다. 남극의 평화적 이용, 영유권 주장 금지, 군사행동의 금지, 과학조사와 교류 허용 등이 그 골자이며 현재는 대한민국을 비롯한 47개 국가가 가입되어 있다. 대단히 합리적인 조약인 것처럼 보인다. 그러나 여기에도 미국과 소련 중심의 강대국 위주의 논리가 있다. 여전히 칠레, 영국, 노르웨이, 호주, 뉴질랜드, 아르헨티나, 프랑스 등의 7개국은 남극대륙의 분할 점령을 주장한다. 그들은 태평양에 건설한 조그만 식민지 섬을 근거로 자신들의 영토에서 가깝다는 논리를 편다. 그런 논리라면 가장 억울한 나라는 칠레다. 칠레는 섬이 아니라 본토가 남극 가까이에 있다. 만약 1959년 당시 남극이 미국이나 소련 가까이에 있었다면 그들은 분명히 영유권을 주장했을 것이다.

이제 서양인의 '탐험 정신'은 땅을 확보하기 위한 것에서 정복한 땅을 효과적으로 지배하기 위한 것으로 바뀐다. 효과적으로 지배하려면 식민지의 지리나 그 민족의 특성을 잘 알아야 한다. 지도 제작을 위한 지리학과 민족성을 연구하는 인류학이 성행하게 된다. 일제 강점기에 조선의 풍습과 지리를 연구한 일본인 학자가 많았던 것도 그 이유다. 이런 부류의 탐험가에는 여러 종류가 있다. 별다른 의도없이 탐험과 연구에 열중했지만, 학자의 의도와는 다르게 그 탐험의 기록이 식민지 지배에 활용되는 경우가 있고, 아예 처음부터 그런 의도로 국가의 지원을 받고 탐험을 하는 경우가 있다. 또 아주 드물게는 순수한 인류애를 가지고 접근하는 경우도 있다. 간단한 사례 몇 개만 살펴보자.

1. 이사벨라 버드 비숍(isabella bird bishop, 1831~1904): 착한 인류학자?

이사벨라 버드 비숍은 영국의 지리학자로 세계 각지를 여행하며 여성의 섬세함으로 세계를 바라보았다. 그는 보기 드물게 착한 유럽인이었다. 여기서 주의할 점은 유럽인은 모두 악하다는 의미가 아니라, 탐험의 역사에서 선하기만 한 유럽인을 만나기는 어렵다는 의미이다. 그녀는 세계 각지를 여행하면서 미국의 노예제도 철폐에 긍정적이었고, 일본의 원주민인 아이누 족이나 조선인에

이사벨라 버드 비숍

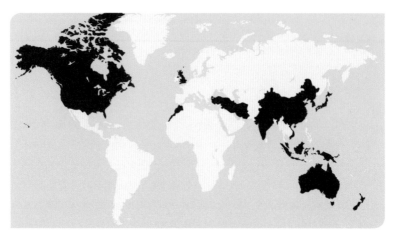

이사벨라 버드 비숍의 여행지

대한 우호적 감정을 드러내는 등 약소민족에 대한 애정어린 시각을
드러냈다.

• 지구를 여행하며 다른 민족을 연구한 인류학자

이사벨라 버드 비숍은 1831년 영국 잉글랜드 요크셔에서 태어났다.
23세에 캐나다와 미국 각지를 답사하고 자신의 자서전적인 여행기인
《미국의 영국 여인》을 출판했는데, 1856년 영국 최고의 베스트셀러가
되었다. 영국인들에게 미국의 노예제도와 원주민 탄압은 미개한 국가
에서나 발생하는 일이라 여겨져서 미국에 대한 영국의 우월감을 고취
시켰다. 그녀는 거기서 멈추지 않고 뉴질랜드, 하와이 등의 남태평양을
답사했다. 1878년에는 일본을 방문하여 홋카이도의 일본 원주민 아이
누 족의 생활상을 접하고 깊은 연민을 느낀다. 그 기록이 《알려지지 않

• 명성황후 시해 사건인 을미사변이 유럽에 충격을 던지지만…

그녀의 책《조선과 그 이웃의 나라들》에 묘사된 민비시해 사건은 서양에 큰 충격을 던졌다. 그들은 조선의 존재도 알지 못하고 중요하게 취급하지도 않았지만, 왕궁에서 한 나라의 황후가 살해되는 사건은 조선에 대한 동정을 불러일으켰다. 그러나 일본의 조선 침탈을 규탄하거나 막지는 않았다. 가재는 게 편이라고 식민지를 갖는 것은 강대국의 당연한 특권이었다. 이사벨라 버드 비숍 역시 소수민족에 대한 애정을 드러내기는 하지만, 그것은 인간적인 감정일 뿐, 식민지 지배의 부당함에 대해서는 거론하지 않았다. 결국 그녀도 대영제국 국민의 한 사람이었다. 그 시기 영국은 지구의 절반을 식민지로 가지고 있었고 스스로를 "Great Britain", '해가 지지 않는 나라'로 불렀다.

• 이거 알아요?

서울의 장충체육관, 동국대학교, 신라호텔 사이에 있는 장충단 공원은 을미사변 이후 고종이 명성황후와 그 희생자를 기리는 장충단이라는 사당을 지으면서 비롯되었다. 장충단(獎忠壇)의 뜻은 충성심을 기린다는 의미이다. 그런데 안중근 의사에 의해 이토 히로부미가 저격당해서 사망하자, 일제는 장충단의 명성황후 영정을 철거하고, 대신 이토 히로부미의 영정을 갖다 놓았다.

은 일본》이라는 책에 일부분 나와 있다. 여기까지만 하더라도 엄청난 학문적 열정이라고 할 수 있다. 다시 60이 가까운 나이에는 아랍의 여러 나라를 답사하고, 인도와 파키스탄을 방문했다. 이후에도 쉼 없이 티베트, 이란 등을 거쳐 흑해 근처의 여러 유목 민족을 답사 연구한다. 그것뿐만이 아니라 몽골리안 민족들의 연결성을 연구하기 위해 조선까지 온다. 그녀는 조선에 수년 동안이나 머물렀다. 그 기록이 1898년에 발간된《조선과 그 이웃의 나라들》이라는 책이다. 이 책을 통하여 조선이라는 나라의 존재가 유럽의 학계에 알려지는 계기가 되었다.《하멜 표류기》이후 조선을 다룬 책이 다시 한 번 베스트셀러에 올랐다. 비숍은 조선에서의 체류 이후, 중국으로 건너가 중국의 서쪽 고원의 여러 소수 민족을 답사했으며, 아프리카로 건너가 사하라 사막을 횡단하여 아프리카의 오지를 탐험했다. 1904년 72세의 나이로 사망했는데, 사망하기 직전에도 중국 답사 프로젝트를 기획하고 있었으며, 건강이 회복되면 떠나기 위해 짐 가방을 싸 두고 있었다고 한다. 비숍은 영국에서 살았던 시간보다 타국에서 보낸 시간이 많았다. 타국에서 시간을 보내는 동안 호텔에서 안락한 생활을 즐긴 것이 아니라, 그 나라에서 살아가는 평범한 사람들이나 약자들의 삶 속으로 깊숙이 들어가기 위해 노력했다.

2. 스벤 헤딘(1865~1952): 이사벨라 버드 비숍의 책을 읽고 조선에 왔을까?

스벤 헤딘은 스웨덴의 지리학자로 1893년부터 1930년까지 4회에 걸쳐 중앙아시아를 거쳐 조선까지 왔다. 그 당시 유럽인의 입장에서 보면 중앙아시아의 광활한 지역은 이익을 위해 연구할만한 가치가 있는 땅이었으나, 조선이라는 나라는 지리학이나 인류학 연구에서 그리 중요

한 지역이 아니었다. 조선은 이미 일본의 영향력
아래에 있었기 때문에 연구를 추진할 이유가 없
었다. 그는 단순한 호기심으로 서울에까지 왔
다. 아무튼 드물게 조선에까지 흘러들어온 사람
이었는데, 경성에서 학술 강연을 했다. 청중의 대부
분은 조선에 체류하는 일본인이었다고 하니 지리

스벤 헤딘

정보의 교환이 목적이었을 것이다. 왜냐하면, 일본인들도 대륙으로의
진출을 위해 만주, 중앙아시아에 대한 정보가 필요했기 때문이다.

3. 토르 헤이에르달(thor heyerdahl, 1914~2002)：나의 학설을 증명하기 위
해서라면!

토르 헤이에르달은 노르웨이의 모험가이자
인류학자, 역사학자, 지리학자이다. 토르 헤이
에르달을 설명하는 여러 명칭에서 보이듯이
정력적으로 활동했다. 그는 자신의 학설을 증
명하기 위해 열정만큼은 남부럽지 않을 정도
로 쏟았지만, 무모한 증명과 날조로 자기 명예
를 치장하려다 뎆에 빠진 사람이었다. 열정은

토르 헤이에르달

인정해주자는 반론도 만만치 않지만, 어떤 의미의 열정인가도 중요한
문제이다. 그 당시 유럽은 북극과 남극에는 얼음 외에 별다른 것이 없
다는 사실을 알게 되었다. 그들의 관심은 아프리카, 아시아, 그리고 남

태평양의 어디쯤에 섬이 있다는 것을 미리 알고 행하는 모험과, 태평양 너머에 무엇이 있는 줄도 모르고 떠나는 모험은 완전히 다르다. 인류의 탐험은 섬 하나 발견하기까지 백 년의 시간이 걸리고, 그 섬에 정착하여 살다가 또 한 참 후에 다른 섬을 점차로 발견하면서 앞으로 나아갔지, 이 사람처럼 한 번에 휙 건너가서 모든 것을 발견하지 않았다. 토르 헤르에이달의 사고의 맹점은 두 개의 행위가 같은 것이라는 착각에 있다.

미를 거쳐 마지막 발견지인 태평양의 여러 섬들로 옮겨갔다. 첫 번째 의문은 인류가 어떤 길을 통하여 폴리네시아에 들어와 정착하여 살게 되었는지에 관한 것이었다. 말하자면 그들의 혈통관계를 증명하는 것이 과제였다. 토르 헤이에르달도 그 연구에 뛰어든다. 그는 남미 페루에서 폴리네시아 섬에 있는 것과 비슷한 석상을 발견했고, 두 군데 모두 한 종류의 식물을 부르는 명칭이 비슷하다는 점에 착안하여 폴리네시아 사람들의 기원은 남미라고 주장했다. 그러나 전문가들은 토르 헤이에르달의 견해를 조롱했다. 고대의 작은 쪽배로는 남미에서 태평양의 섬까지 가는 것이 불가능하다고 생각했기 때문이다. 그로부터 수천 년이 흐른 뒤에 태평양을 항해했던 마젤란의 함대가 겪은 지옥도를 생각해보면 너무나 당연한 일이었다.

- 목적의식만 너무 강한 열정1, 태평양을 정복하라!

토르 헤이에르달은 남미에서 태평양의 섬까지 가는 것이 가능하다는 것을 증명하기로 결심한다. 직접 통나무배를 타고 남미에서 출발하여 폴리네시아의 섬까지 탐험을 시도한다. 1947년 4월 28일, 그는 부하들을 태우고 페루를 출발했다. 처음부터 삐걱거렸다. 거꾸로 몰려오는 해류를 넘지 못해 예인선을 쓸 수밖에 없었다. 해류를 넘은 다음에는 해류와 바람을 타고 드넓은 태평양을 향해 정처 없이 나아갔다. 항해라기보다는 표류였다. 물고기도 낚고 빗물로 식수를 해결하기도 했지만, 쪽배에 충분한 군용식량을 싣고 갔기 때문에 죽음을 각오한 모험은 아니었다. 결국 그는 타히티 섬 근처의 어느 외딴 섬에 도착하는데 성공했다. 고대의 배로 태평양을 건너는 게 가능하다는 것을 증명했다. 이 항해를 계기로 폴리네시아 인들이 남미에서 왔다는 학설이 정설로 받아들여지는 분위기였으나, 나중에 과학의 발전으로 유전자 검사를 해보니 폴리네시아 인들의 조상은 남미 원주민이 아니라, 대만이나 말레이시아 쪽의 사람들이라는 것이 밝혀졌다.

- 목적의식만 너무 강한 열정2, 대서양을 정복하라!

이후에 토르 헤이에르달은 멕시코의 아즈텍 문명과 이집트 문명의 유사성에 관심을 갖고 이들의 교류를 증명하려고 시도했다. 이집트에서 온 사람들이 아즈텍의 신전을 세웠다! 아즈텍의 신전과 이집트의 피라미드는 삼각형으로 비슷하게 생겼다. 그는 이번에는 고대 이집트의 갈대배를 만들어 타고 아프리카 서안에서 출발해 대서양을 횡단한 다음, 멕시코에 도착하는 계획을 세웠다. 헤이에르달은 멕시코 동쪽 서인도 제도 근처에 도달하긴 했지만 폭풍으로 배는 가라앉는다. 배가 가라앉는 사고에도 무사할 수 있었던 것은 예인선이 옆에서 따라갔기 때문이다. 그렇다면 그것이 진정한 탐험일까? 그는 포기하지 않고 여러 번 시도를 한 끝에 멕시코의 유카탄 반도, 아즈텍 문명의 신전이 있는 곳에 도달하여, 갈대배로 대서양을 횡단하는 것이 가능하다는 사실을 증명했다. 그리고 이를 근거로 고대 이집트인들이 멕시코로 이주해왔다는 주장을 펼쳤다.

• 목적의식만 너무 강한 열정3, 인도양을 정복하라!

태평양과 대서양을 횡단하는데 성공한 뒤, 토르 헤이에르달은 인도양에 도전한다. 지중해에서 인도까지 고대의 갈대배를 타고 횡단한다. 지중해의 고대 메소포타미아 문명이 인도의 인더스 문명에 끼친 영향을 증명하고자 했다. 항해는 실패했다. 그러나 그의 시도와는 상관없이 고대 메소포타미아와 인도는 교류를 했다는 것이 유적이나 자료로 확인되었다.

• 그러나 피라미드의 형태는 보편적인 것이다.

피라미드 형태는 세계 도처에서 발견된다. 삼각형의 구도는 아름답고 균형이 잘 맞으며, 정상의 꼭지점은 태양을 향한 경외심을 잘 표현한다. 만주에 있는 광개토대왕의 무덤이라고 추정되는 장군총도 삼각형의 모양으로 돌을 쌓아 만들었다. 이것도 아기 피라미드 정도는 되는 크기이다.

• 그럼 그는 왜 그렇게 집착했을까?

토르 헤이에르달의 증명에는 한 가지 공통점이 발견된다. 고대 지중해 문명을 현대 세계의 기원으로 만들고 싶어 하는 유럽인들의 강박이 숨어있다. 이집트나 메소포타미아는 지중해에 있다. 그 이후의 그리스, 로마 문명도 역시 지중해에서 꽃을 피웠다. 그 지중해 문명이 인도, 남미, 폴리네시아로 뻗어나갔다고 믿고 싶었다. 남미의 찬란한 문명을 만든 원주민은 아시아의 초원에서 알래스카를 거쳐 내려왔다든지, 태평양의 원주민은 남아시아에서 왔다든지, 이런 독립적인 기원을 부정하고 싶어 했다.

06

냉전의 시대 :

제2차세계대전 후 사회주의와 자본주의의 대립은
우주탐험 경쟁을 촉진시켰다

1945년~1970년

: 개요

인류역사상 최대의 비극으로 일컬어지는 2차 세
계대전이 끝나고 세계는 사회주의와 자본주의 두
진영으로 양분되었다. 유럽과 아시아는 전쟁으로
잿더미가 되었지만 미국은 자국영토에서 전쟁을
한 것이 아니었기 때문에 여전히 최강국으로 군
림했다. 그런데 소련(지금의 러시아)이 미국의 지
위를 넘보기 시작했다. 사회주의 체제는 일사불란
한 기동력으로 경제를 부흥시키고 단기간에 미국
을 위협했다. 이렇게 소련과 미국이 두 진영의 맹

주가 되었다. 두 나라는 올림픽의 금메달 개수까지 경쟁을 벌이며 엎치락뒤치락 하였다. 이런 와중에 소련이 우위를 점한 것이 있었다. 체제의 우월성을 자랑하기 위하여 우주탐험을 비밀스럽게 진행했다. 아무도 상상하지 못한 일이었다. 초반에는 소련이 주도권을 쥐는 듯했다. 아무래도 국가가 일사불란하게 움직이는 데는 사회주의 체제가 우월했다. 그러나 곧 미국이 쉽게 추월했다. 미국은 못한 것이 아니라 하지 않은 것이었다.

1. 유리 가가린(1934~1968): "지구에 계신 인류 여러분 안녕하십니까? 저는 지금 지구를 보고 있습니다. 우주는 깜깜하지만, 지구는 푸르고 아름답습니다!"

• '천조국' 미국이 충격을 받았다고? 설마!

제 아무리 에베레스트의 정상에 오르고, 북극의 꼭짓점에 선다 하더라도 지구를 볼 수는 없었다. 유리 가가린은 우주선을 타고 나가 지구를 본 최초의 인간이었다. 1957년 소련은 최초의 우주선 스푸트니크 1호를 우주에 보냈다. 그것은 전 세계에 충격을 주었고 사회주의 체제의 우월

보스토크

성을 과시하는데 손색이 없는 대 사건이었다. 그러나 그것은 무인 로켓 우주선이었다. 사람을 태우는 것은 우주선의 크기도 커야 했고 위험했기에 상상하기조차 어려운 일이었다. 그러나 불과 4년이 지나 1961년 4월 12일, 유리 가가린이 보스토크 1호를 타고 우주로 나간다. 이것은 충격 정도가 아니라 미국을 패닉 상태로 만들었다.

스푸트니크

• 알고 보면 비경제적인 우주 경쟁이었다

유리 가가린

가가린의 우주여행은 개인의 명예 차원을 넘어 냉전 당시 소련의 체제 우위를 선전하는 데 적극 활용되었다. 이후에 미국은 자존심 때문에 우주 개발에 박차를 가한 것일 뿐이다. 결코 달 탐험으로 자원개발과 같은 현실적인 목적을 가지고 있지 않았다. 달이 황폐한 사막이라는 것은 이미 알려진 사실이었다. 만약 소련의 유리 가가린이 미국보다 먼저 우주선을 타고 지구 밖 우주를 비행하는 것으로 자존심을 건드리지 않았다면, 달 착륙은 2000년대에 한두 번 성공하는 것으로 끝났을지도 모르는 탐험이었다. 우주개발은 투자하는 비용에 비해 돌아오는 이익은 형편없다. 산소가 있는 행성을 발견해서 거기에 아파트라도 지어서 분양하려는 것인가? 아니면 태양계 밖의 어느 행성에서 금광이라도 발견하려는 것인가? 냉정히 말해서 우주탐험은 국가 간의 자존심 경쟁이었고, 비밀스럽게는 첨단 미사일을 개발하는 군사적 목적 이외에는 다른 목적이 없는 비경제적인 탐험이었다.

2. 발렌티나 테레시코바(1937~생존): 1963년 6월 16일 보스토크 6호를 타고 우주에 간 최초의 여성 우주인. "여기는 갈매기! 나는 안전하다."

소련의 체제 우월성 선전은 여기서 끝나지 않았다. 1963년 6월 16일부터 1963년 6월 19일까지 70시간 50분 동안 우주에 머문 최초의 여성 우주인을 배출한다. 남녀평등의 이슈를 선점함으로써 다시 미국가가린의 키는 157cm이다. 러시아인 치고는 아주 작은 편이다. 실제로 가가린은 작은 키 때문에 여러 차례 연애에 실패했다고 한다. 그런 그가 수천 명의 비행사가 몰린 우주인 선발에서 행운을 거머쥔 것은 캡슐에 들어가기에 알맞은 작은 체구였기 때문이었다. 초창기의 우주선은 아주 작을 수밖에 없었다. 대기권을 뚫고 우주로 나가기 위해서는 무게를 최소한으로 줄여야 했다. 정말로 사람의 미래는 아무도 모른다. 그는 우주에서 돌아와 세계에서 가장 유명한 사람이 되었고, 부와 명성을 거머쥐었으며, 아름다운 여성을 만나 결혼했다.

의 자존심을 긁는다. 그 명예의 주인공은 발렌티나 테레시코바였다. 그녀는 평범한 노동자였다. 거기에다 아버지는 2차 세계대전 당시 독일군대와 싸우다 전사한 전쟁영웅이었다. 노동자이자 전쟁영웅의 딸이라는 상황은 사회주의 체제의 홍보에 안성맞춤이었다. 거기다가 결정적인 역할을 한 것은 낙하산을 타는

발렌티나 테레시코바

그녀의 취미생활이었다. 당시의 우주선은 귀환 시 지상에 곧바로 착륙할 수가 없어, 수천 미터 상공에서 낙하산을 펴고 내려와야만 했다. 노동자 계급, 전쟁의 영웅의 딸, 그리고 낙하산을 타는 능력까지 모든 조건들이 들어맞았다. 테레시코바가 70시간 50분의 우주 체류에 성공하

그녀가 우주에서 지구로 송출한 첫 말인 이 문장은 강하고 아름다운 여성을 뜻하는 유행어가 되었다. 그렇다면 그녀는 평화의 상징 비둘기도 아니고, 용기의 상징 독수리도 아니고, 왜 연약해 보이는 갈매기를 언급했을까? 갈매기는 소련(러시아) 사람들에게는 특별한 의미가 있다. 러시아의 극작가 안톤 체홉의 희곡 갈매기는 아주 인기 있는 국민 연극이며, 고난과 역경을 극복하는 세 자매의 인생 이야기를 담고 있다. 그들은 섬세하면서도 강인한 여자들이다.

고 착륙한 장면은 남성과 동등하고 아름다운 사회주의 여성의 모델이 되었다. 유리 가가린에 이어 다시 한 번 미국에게 상처를 주는데 성공했다. '우리나라의 여성은 미국의 여성보다 우월하다.'

• 테레시코바, 이소연을 만나다.

테레시코바와 이소연

2008년, 그녀는 같은 여성으로서 바이코누르 우주기지에서 훈련하는 한국인 이소연을 만나 격려한다. 노인이 되어서 특별하게도 몇 번씩이나 어려운 걸음을 한 것을 보면, 최초의 여성 우주인으로서 국적을 떠나 여성 우주인의 탄생에 의미를 부여하고 있는 것이 틀림없다. 또한 1963년 20대의 자신의 모습에 대한 그리움이기도 할 것이다.

3. 알렉세이 레오노프(1934~2019) : 인류 최초로 우주에서 헤엄을 치다!

소련은 유리 가가린, 발렌시아 테레시코
바에 이어 3연타석 홈런으로 미국에게 충격
을 준다. 1965년에는 알렉세이 레오노프라
는 우주인이 또 하나의 신기록을 세운다. 우
주선 밖으로 우주인을 내보내 인류 최초로
우주 유영을 한다. 암흑의 우주로 인간이 홀

알렉세이 레오노프

로 나간다는 것은 공포심을 유발한다. 무슨 일이 발생할지 모른다. 몸
이 터져 산산조각이 날 수 있다. 그는 우주선의 문을 열고 밖으로 나가,
유유히 우주 공간을 떠다닌다. 그 영상은 경탄스럽고 아름답다. 드디어
우주는 인간이 걸어 다니는 공간이 되었다.

• 그는 영원히 우주에서 헤엄을 칠 뻔했다

우주 유영의 모습

우주 유영을 마치고 우주선으로 다시 돌아가는 과정에서 심각한 문제가 발생한다. 우주복이 부풀어서 안으로 들어갈 수 없었다. 알렉세이 레오노프는 몸을 집어넣기 위해 사투를 벌였다. 결국 우주복을 찢고 안으로 들어갈 수 있었다. 그가 유영하는 장면은 우주선에 부착된 카메라에 찍혔다. 발사할 때는 카메라 덮개가 장착되어 있었지만 촬영을 할 때는 덮개가 제거되었다. 이 카메라 덮개는 인간이 우주에 버린 최초의 쓰레기가 되었다.

1. 앨런 셰퍼드(alan shepard, 1923~1998) : 10분의 기적!

1950년대에 진행된 우주선 스푸트니크 호의 발사로부터 소련에게 우주탐험의 주도권을 빼앗긴 미국은 자존심의 회복을 위해 천문학적인 자금을 투자한다. 유일한 목적은 소련을 이기는 것이었다. 그 와중에 소련은 유인 우주선 보스토크 호를 발사한다. 보스토크 호의 우주비행사 유리 가가린은 세계에서 가장 유명한 사람이 된다. 보스토크 호의 우주비행이 성공한 지 불과 한 달이 지난 시점인 1961년 5월 드디어 미국의 유인 우주선 프리덤 7호가 발사된다. 결과는 대 성공이었다. 비록 10분이라는 짧은 시간 동안 로켓처럼 발사되었고 지구 궤도를 비행하지도 못했지만, 일단 미국으로서는 무너진 자존심의 회복을 알리는

앨런 세퍼드, 그리고 앨런 세퍼드가 달에서 골프를 치는 모습

사건이었다. 소련에게 뒤통수를 맞았지만 10년이나 늦게 우주개발에 뛰어들어 거의 동등한 수준까지 따라잡는 기적을 만들었다.

2. 존 글렌(john glenn, 1921~현재) : 소련에 유리 가가린이 있다면 미국에는 내가 있다

존 글렌

　존 글렌은 1962년 2월 20일에 프렌드십 7호를 타고 우주 궤도를 5시간이나 돈다. 그는 미국의 국민영웅이 된다. 우주에 처음 간 미국인은 앨런 셰퍼드이지만 미국인들은 존 글렌을 최초의 미국 우주인으로 추앙한다. 소련의 유리 가가린이 우주를 탐험한 지 1년 만의 일이다. 그는 유리 가가린 보다 훨씬 더 오랫동안 머물렀다.

3. 닐 암스트롱(neil armstrong, 1930~2012) : "한 인간에게는 작은 발걸음, 인류에게는 위대한 발걸음!"

닐 암스트롱

　앨런 셰퍼드, 존 글렌, 그리고 많은 우주인들에 의해 미국의 자존심은 어느 정도 회복되었지만 아직 소련을 능가하지는 못했다. 1969년, 닐 암스트롱은 39세의 나이에 아폴

놀라운 사건일수록 음모론이 많다! 그 당시에도 그랬지만 아직도 달 착륙은 사기라는 이야기가 그럴듯하게 만들어지고 있다. 그만큼 믿기 힘든 사건이기 때문이다. 터키의 어느 지역에는 달 표면과 흡사한 지역이 있다. 그곳에 우주선을 갖다 놓고 사진을 찍으면 영락없는 달이라고 주장한다. 또한 달 표면에 찍힌 발자국을 보고 사기라고 말한다. 무중력 상태이기 때문에 발자국이 찍힐 리가 없다고 반박한다. 그러나 과학적으로 발자국이 찍힌다는 것은 사실이다. 무중력이 아니라 지구보다는 달의 인력이 미약한 것일 뿐이기 때문이다. 또 꽂힌 성조기가 펄럭이는 것은 불가능하다고 말한다. 공기가 없는 상태에서는 그런 일이 벌어지지 않는다고 주장한다. 그것 또한 그림자의 어른거림이 불러일으키는 착시이다. 음모론의 종착지는 달 착륙이 미국 정부가 소련을 이기기 위해 비밀리에 조작한 사기라는 모함이다. 닐 암스트롱은 처음에는 웃어넘겼으나, 전문가들에게서조차

한 인간에게는 작은 발걸음, 인류에게는 위대한 발걸음!

그런 말이 끊임없이 나오자, 힘들어하며 은둔을 택했다. 현재까지도 끊이지 않는 달 착륙에 대한 음모론은 이 사건의 위대함을 반증한다. 그 당시의 인간 능력으로는 벌어질 수 없는 일이 벌어졌다. 지금은 인간이 달에 가는 것은 싱거운 일이 되었지만!

로 11호의 사령관으로 버즈 올드린, 마이클 콜린스와 함께 달을 향한 우주선에 몸을 실었다. 그리고 1969년 7월 21일 오전 11시 56분 20초, 달 표면에 착륙하는 데 성공했다. 인류 최초로 달에 착륙하여 미국을 미국답게 만들었다. 아폴로 11호를 타고 달에 내리는 장면은 전 세계에 생중계되었다. 이 사건이 얼마나 충격적이었는가 하면, 어떤 나라에서는 잠시 내전을 멈출 정도였다. 달은 수백만 년 동안 인간의 눈앞에 있었지만, 신비로운 물체였다. 끝없는 인간의 탐험 욕구는 불가능한 것을 가능하게 만들었다. 인종과 국가를 떠나 감동적인 장면이었다. 이제 우주탐험의 주도권은 미국이 쥐게 된다.

4. 버즈 올드린(buzz aldrin, 1930~현재) : 세상은 1등만 기억한다

아폴로 11호의 승무원들

버즈 올드린은 사람들이 기억하지 않는 영웅이다. 1등 이외에는 아무도 기억하지 않는다는 말을 할 때 그의 이름을 사용하는 경우도 있다. 그는 아폴로 11호의 승무원으로, 암스트롱 다음으로 달에 발을 디뎠다. 암스트롱이 아폴로 11호의 대장이었다. 몇 초의 차이로 최초라는 타이틀을 잃은 불운한 우주인이다. 나중에 회고록으로 밝혀진 바에 따르면 달에서 최초로 오줌을 눈 우주인으로, 장난스럽지만 최초라는 타이틀 하나는 가지게 되었다. 달에서 돌아와서는 암스트롱과는 정반대의 삶을 살았다. 암스트롱은 음모론자들의 의혹 제기를 극복하지 못하고 은둔 생활을 택했지만, 버즈 올드린은 강연과 연구, 나사에서의 근무를 지속하면서 미국의 우주탐험에 지대한 공헌을 한다. 그는 계속해서 우주선에 탑승하여 달에 가보기를 원했지만 미국 정부에 의해 금지당했다. 혹시라도 영웅이 죽으면 국가적 손실이었기 때문이다. 올드린은 오히려 달에 갈 수 없다는 것 때문에 우울증을 앓았다고 한다.

5. 마이클 콜린스(michael collins, 1930~2021) : 쿨하게 살자! 더 할 나위 없이 쿨한 남자

마이클 콜린스는 암스트롱, 버즈 올드린과 함께 1969년 아폴로 11호에 탑승한 우주인이다. 그러나 그는 달에 내리지 않았다. 달에 내리지 못한 것이 아니라 버즈 올드린에게 자신의 자리를 양보했다. 우주선은 본체가 달에 착륙하는 것이 아니라 작은 착륙선을 내리고, 본체는

마이클 콜린스

계속 달 주위를 회전해야 한다. 착륙선의 임무가 끝났을 때 다시 합류한다. 원래는 세 번째 위치에 있는 버즈 올드린이 그 임무를 맡는 것이었으나, 복잡한 임무였기에 혹시 모르는 사고를 대비해서 그가 본선에 남았다. 달에 내리는 기회를 양보했다. 지구로 돌아왔을 때, 많은 사람들이 그 양보가 아쉽지 않느냐고 묻는다. 그는 너무나 쿨하여 전혀 개의치 않았다.

2000년대에 접어들면서 이제 우주는 세계 각국의 각축장이 된다. 기후 관찰 위성, 정보통신 위성 등 실생활에 필요한 위성이 대부분이지만, 국가는 다른 나라를 이기기 위해, 자국민의 단결을 위해, 신무기를 개발하기 위해 우주탐험이라는 그럴싸한 명분을 이용한다. 지금의 하늘에는 우주선, 인공위성, 실험용 미사일, 우주쓰레기가 충돌을 일으킬 수 있을 정도로 많다. 달은 그저 옆집에 가는 것이 되었다. 토성, 목성은 물론 태양계 너머로 정도는 탐사선을 발사해야 사건이 된다. 대한민국도 국력이 발전함에 따라 우주로 눈길을 돌린다.

1. 이소연(lee soyeon, 1978~현재) : 대한민국 최초의 우주인!

이소연은 대한민국의 우주탐험 프로젝트의 결실이다. 원래는 고산이 러시아 우주선에 탑승하기 위해 훈련을 받고 있었고 그녀는 후보였다. 그런데 훈련을 받던 2008년 3월 경, 고산이 반출금지 서적을 복사하는 바람에 그녀가 우주로 가는 행운을 얻는다. 반출금지 서적은 우주선 발사의 핵심기술을 담

이소연

은 가이드북이었다. 2008년 그녀는 드디어 대한민국 최초의 우주인이라는 명예를 얻는다. 귀국 후, 온 국민의 관심은 그녀에게 쏠렸고, 광고를 찍고 우주 산업의 미래에 대한 강연을 한다. 그러나 2014년 6월 돌

• 소형 과학기술 위성을 쏘아 올리는 것은 이해가 가지만……

그럼 도대체 우주에 무슨 보물이 있기에 세계 각국이 우주탐험에 필사적일까? 우주는 빈 공간이고, 행성은 인간이 살 수 없는 곳이다. 금광을 발견한들 누가 채굴한단 말인가. 로켓 발사 한 번에 들어가는 예산은 자국민 100만 명을 먹여 살릴 수 있다. 이것은 대항해 시대에 탐험이라는 명분으로 식민지 지배를 한 것과 일맥상통한다. 군사적 목적이 일차적이다. 장거리 미사일을 발사하려면 우주로 나갔다가 다시 지구로 들어와야 한다. 우주탐험과 장거리 미사일은 대기권 밖으로 나가야 중력을 이기고 멀리 간다는 원리가 같다. 나아가 아예 우주선에 대량의 미사일을 싣고 나가 우주에서 발사할 수도 있다. 언제나 탐험의 순수함과 정복의 야욕은 동전의 양면이다.

연 항공우주연구원을 퇴사하고 미국으로 갔고, 재미교포와 결혼하여 그곳에서 산다.

• 그는 우주인인가? 우주 관광객인가?

그녀는 대한민국의 유일한 우주인이며, 전 세계적으로 475번째, 여성으로는 49번째로 우주탐험을 한 사람이다. 여기에는 이론의 여지가 없다. 일부에서 제기한 러시아 우주선에 끼어 탄 관광객이라는 말은 사실에 대한 왜곡이자 무분별한 폄훼이다. 나사(NASA), 위키 영문 사전, 미국의 주요 신문들에서도 그녀를 분명히 우주인으로 기록한다. 그러나 이런 비판이 생기는 이유는 우주인답지 않은 그녀의 행보와도 관련이 있다.

• 정권의 희생양이 된 탐험가였나? 아니면 먹튀인가?

그녀는 자신이 정권 홍보용으로 이용당했다고 주장한다. 우주인이
되어 돌아온 후, 연구보다는 강연과 홍보를 하느라 피곤하기만 했으며,
정작 후속 연구에 대한 지원은 없었다고 주장한다. '나는 정권 홍보의
도구였다!' '이후 아무 지원이 없어 그동안의 노력이 허탈했다!'는 등의
인터뷰를 스스럼없이 한다. 그녀의 말은 진실이다. 이후 후속 예산과
연구 성과는 없었고, 귀중한 탐험의 경험조차 휴지조각이 된다. 그것이
대한민국의 민낯이기도 하다. 그러나 그녀의 발언은 도를 넘어 불평만
하는 여자로 보였다. 더구나 우주인 경력을 내던지고 미국으로 떠난 것
은 상황을 잘 모르는 국민들을 어리둥절하게 만들었다. 우주산업에는 천
문학적인 자금이 들어간다. 예산을 확보하려면 어느 정도의 홍보가 필요할
수밖에 없다. 국민들이 납득해야 예산을 책정할 수 있다. 바로 그런 대한
민국의 환경에서 갈등이 나타났다. 그녀의 입장에서는, 갖은 고생을 해
서 우주에 다녀왔더니 여기저기 불려 다니기만 하는 것으로 느꼈다. 그
러나 서운하든 아니든, 정권의 쇼였든 순수한 과학정책이었든, 그녀는
천문학적인 국민의 돈으로 우주를 다녀왔고, 그 명예와 후속 대접도 융
숭하게 받은 것은 사실이다. 최초의 우주인은 아무나 가질 수 없는 타
이틀이다. 이후 그녀는 뜬금없이 후쿠시마를 찍은 디스커버리 다큐멘
터리에 나와 그곳의 농산물이 안전하다고 홍보했는데, 이는 부적절한

행동이었다. 본인은 순수한 마음으로 후쿠시마 농민의 아픔을 치유하고 싶었다고 하는데, 일본 정부를 믿지 못하는 한국 사람들에게는 그 마음이 잘 다가오지 않는다. 모든 문제가 그녀가 지나치게 순수해서 발생하는 것처럼 보이기도 한다. 그녀가 한 모든 말에 틀린 것이 없기는 하다. '여기 저기 불려 다니 기만 했다.', '농민의 아픔을 치유해야 한다.' 그러나 여전히 아쉽다.

그는 우주에 간 것인가? 하느님의 나라에 간 것인가?

그녀는 어떤 의미에서는 우주 과학자라는 호칭이 어울리지 않는다. 기독교인이라고 해서 우주 과학자가 되지 말라는 법은 없지만, 우주에 갔다 온 것을 하느님의 나라에 대한 간증으로 발언하는 것은 다른 문제다. 실제로 그녀는 국회 조찬기도회에서 그런 간증을 한다. 서양의 경우, 우주에 다녀온 사람들 중 많은 사람들이 기독교인이지만, 공개적으로 그런 행동을 하는 것은 금지되어 있다. 법으로 금지되어 처벌을 받는 것은 아니지만, 우주인 규정에는 우주탐험을 종교적으로 이용해서는 안 된다는 규범이 분명히 있다. 종교와 과학은 분리되어야 한다. 정치와 종교도 당연히 분리된다. 불교든, 기독교든, 이슬람교든, 또는 작은 다른 종교든, 그것은 단지 개인의 믿음이다.

07

미지의 세계에 대한 순수한 동경의 시대 :

냉전을 넘어서 다양성의 개념이 서서히 싹트고
현재에 이르다

1950년~2020년

: 개요

그러나 미국과 소련의 패권 경쟁에도 불구하고,
식민지였던 아시아 아프리카의 세계 각국은 자신
의 독립을 추구한다. 유럽 내에서도 식민지 정책
에 대한 반대의 여론이 싹튼다. 호혜평등의 정신
이 인류를 정화한다. 2차 대전의 참상은 허무주의
를 만연시켰고, 탐욕으로 지배하는 것이 아니라
세계가 평화롭게 살아야 한다는 자각을 불러일으
켰다. 더불어 인간은 각자의 개성을 존중하게 되
었다. 탐험의 영역은 다양해진다. 단지 땅과 바다

를 정복하는 시대는 끝났다. 이제 해저의 아름다
움과 평화로움, 인류의 마지막 피난처로서의 유용
성에 눈을 뜬다. 대항해 시대처럼 바다를 정복하
는 것이 아니라 바다에서의 모험 자체를 즐긴다.
유람선이나 쾌속선으로 주파하는 것이 아니라, 작
은 배나 뗏목을 타고 스스로 고대의 인류가 된다.
또한 경제적으로는 아무 이득이 없는 에베레스트
를 오른다. 그것은 인간의 한계에 대한 순수한 도
전이다. 하루하루 일해야 하는 평범한 사람들도
나름대로의 탐험을 원한다. 모험 영화를 보고 텔
레비전에서 보여주는 미지의 오지세계 탐험을 시
청한다. 이 모든 것이 거부할 수 없는 본능이며,
해도 해도 끝이 없는 것이 탐험이다. 그것도 모자
라면 스스로 인터넷을 탐색한다. 모든 것이 가능
하다. 그러나 탐험치고는 뭔가 미진하다는 느낌을
받는다. 결국 다시 제자리로 돌아오면 언젠가는
'진짜 탐험'을 하고픈 욕망이 싹튼다. 그럼 이 편
한 시대에 우리는 어떻게 탐험의 의미를 되새길
수 있을까?

1. 자크 이브 쿠스토(jacques yve cousteau, 1910~1997) : 해저의 평화로움을 사랑한 사람

자크 이브 쿠스토는 프랑스의 해군이자 해저 탐험가, 환경운동가, 영화감독이며 현대 스킨스쿠버 다이빙의 창시자이다. 그를 지칭하는 명칭에서도 알 수 있듯이 평생 안주하는 삶을 거부했다. 그리고 부와 명예를 거머쥔 것과는 다르게 파란만장한 인생을 살았다. 부정적으로 말하면 자기가 원하는 것이

자크 이브 쿠스토

무엇인지를 정확히 모르는 방황하는 삶을 살았다. 그는 1910년 프랑스에서 태어났으나 아버지의 사업 때문에 미국에서 자랐다. 청소년기에 프랑스로 돌아왔지만 프랑스어를 정확하게 쓰고 말할 줄을 몰라 학교생활에서 지독한 외로움을 경험해야만 했다. 장래의 진로를 결정해야 하는 20세가 되었을 때에도 무엇을 선택해야 할지 몰랐다. 의사, 영화제작자, 군인 등을 놓고 고민했다. 그는 군인을 선택했다. 해군 사관학교에 입학하여 세계일주를 하니 자신의 꿈이 해군인 듯싶었으나, 곧바로 조종사가 되고 싶어 해군항모에 소속된 비행기 조종사 훈련과정을 밟기 시작했다. 그러나 자동차 전복사고로 몸을 심하게 다쳐 중도

수중탐사를 준비하는 장면

포기하는 아픔을 겪는다. 그런데 반대로 이것이 전화위복이 된다. 그는 해군에 남아 동료 세 명과 세계 최초의 스킨스쿠버 다이빙 장비인 아쿠아 렁(aqua lung)을 발명한다. 'aqua'는 라틴어로 물이라는 뜻이며, 'lung'은 폐를 의미한다. 즉, 아쿠아 렁은 물속에서 숨을 쉴 수 있는 장치라는 것이다.

그는 해저탐사부대에서 수중폭파, 암초탐사 등의 임무를 수행했다. 1949년 군대에서 은퇴한 후, 그는 자신의 기술과 경험을 살려 해저유전탐사를 해주고 돈을 벌었다. 그렇게 부유하게 살 수 있었는데, 무슨 이유에서인가 《침묵의 세계(the silent world, le monde du silence)》라는 문학작품을 읽고 깊은 감명을 받아 영화를 만든다. 이렇게 그는 직업군인에서 영화감독이 되었다. 영화 《침묵의 세계》는 1956년 칸 영화제에서 황금종려상을 받고, 1957년 아카데미 영화제에서 장편 다큐멘터리상을 받는다. 그는 전 세계적인 유명인사가 되었다. 남들은 하나도 받기 힘들다는 상을 두 개나 휩쓰는 경우는 드물다. 그러나 영화감독도 그의 최종 직업이 아니었다. 1960년에 그는 지구에서 가장 깊은 해저협곡 마리아나 해구를 탐사하는 조직에 참여하여 해저 장비를 만든다. 그리고 다시 프랑스 정부가 지중해에 쓰레기를 몰래 버리는 스캔들이 벌어지자 열정적인 환경보호 운동가가 된다. 행동뿐만이 아니라 번 돈을 환경보호 운동에 기부한다. 그는 점점 지구가 오염되는 것을 개탄하면서 인류가 마지막으로 살 수 있는 곳은 오염되지 않은 해저라는 결론을 얻는다. 1962년에는 '프레콩티낭(pre‑continent)', 즉 오염되지 않은 옛 대륙이라는 명칭의 해저주택을 만든다. 그의 행동은 그저 호기심 어린 실험이 아니었다. 프레콩티낭을 해저 120미터에 건설하고 2명이 실제 생활에 들어가 일주일 동안 살아본다. 그러나 작은 성공에도 불구하고 더 이상 경제성이 없다는 이유로 제작은 중단된다. 이 생활을 찍은 영화 《태양이 비치지 않는 세상(le monde sans soleil)》은 1965년 다시 한번 아카데미 다큐멘터리 상을 수상한다. 그는 미국의 케네디 대통

• 마리아나 해구(mariana trench)

마리아나 해구는 평균 수심이 7,000미터에 이르는 지구에서 가장 깊은 바다 협곡이다. 평균 수심이 그렇다는 얘기고, 최고 점 수심은 11,000미터에 이른다. 에베레스트를 갖다 놓아도 닿지 않는다. 필리핀 해저판과 태평양 해저판이 만나는 지점에 펼쳐져 있다. 수압은 지상의 기압의 1,000배이므로 장비가 들어가는 것조차 힘들다.

령, 쿠바의 카델 피스트로와도 두루 친했으며, 프랑스 대통령 후보로 추대되기도 하였으나 자신의 길이 아니라 생각하고 포기한다. 말년에는 남극의 광산개발을 반대하며 국제적인 연대에 앞장 서 환경 보호 운동에 열정적이었다. 쿠스토는 시대를 앞선 사람이었다. 2000년대에 접어들면서 소수 자본의 이익을 위해 지구를 망가뜨리고 더 이상 갈 곳이 없는 인류는 환경의 재난을 피해 해저에 아지트를 지어야 할 지경에 이르렀고, 실제로 세계 각국에서 해저도시의 건설을 추진하고 있다. 그가 성장기에 갖고 싶었던 직업 중에 성취하지 못한 것은 의사인데, 환경운동가가 된 것은 지구의 의사가 된 것이 아닐까?

2. 로빈 녹스 존스턴(robin knox johnston, 1939~현재): 지독한 외로움을 넘어서

로빈 녹스 존스턴은 영국의 선원이자 탐험가였다. 그는 세계 최초로 요트로 세계일주를 하였다. 그는 1968년 6월 영국의 팰머스(falmouth) 항을 떠나 세계를 한 바퀴 돌아서 1969년 4월에 다시 팰머스 항으로 돌아왔다. 그가 탄 배는 고작 8미터 크기의 작은 배 수하일리(suhaili) 호였다. 장장 10개월에 걸친 항해였다. 언뜻 생각하면, 현대에 배를 타고 세계를 일주한 것은 대단한 모험이 아닌 것처럼 보인다. 그러나 로빈 존스 녹스턴의 항해에는

로빈 녹스 존스턴

고대의 항해에 버금가는 위험을 불사하는 모험 정신이 스며있다.

　로빈 존스 이전, 즉 19세기 말이나 20세기 초에도 배로 세계일주를 하는 사건은 드물지 않았다. 로빈 존스 녹스턴의 일주는 '단독 무기항 일주'이기 때문에 놀랍다. 항해 전문용어로는 "single -handed non stop"이다. 항해의 영역에서 한 손으로 항해한다는 것은 장애인이라는 말이 아니라, 혼자 한다는 뜻이다. 혼자 항해한다는 의미는 둘 이상이 하는 것과 완전히 다르다. 단지 외로움을 극복하지 못한다는 의미가 아니다. 무수한 어려움이 있지만, 비바람이 불 때 한 사람의 힘으로 닻을 조종하고, 물을 퍼내고, 밧줄을 감고, 배의 평형을 유지하려면 인간은 한계상황에 직면한다. 작은 요트를 타면 닻을 조종하다가 바다에 빠지는 경우도 발생한다. 요트가 배에 떠다니는 것을 보면 거의 뒤집혔다가 다시 제자리를 찾는다. 둘일 경우 한 사람이 구명튜브를 던져줄 수 있지만, 혼자일 경우에는 아무런 방법이 없다. 그만큼 위험하고 힘든 것이 단독 항해이다. 그렇기 때문에 항해의 영역에서는 가장 고난도의 탐험으로 분류된다. 또한 무기항은 어느 항구에도 들르지 않고 항해 내내 바다에만 있다는 것이다. 씻는 물은 고사하고, 먹는 물조차도 빗물을 받아 대충 정수한 상태로 마셔야 한다. 더욱이 추운 곳과 더운 곳을 교차해서 지나야 한다. 로빈 녹스 존스턴이 탐험할 당시에는 인공위성이 없어 외부와 통신도 불가능했다. 위치 추적 시스템인 GPS도 없다. 물론 일기예보도 모른다. 아주 가까운 거리에 있는 사람과 구식 진공관 무전기로 통신할 수 있었는데, 망망대해에 사람이 있을 리는 만무하다.

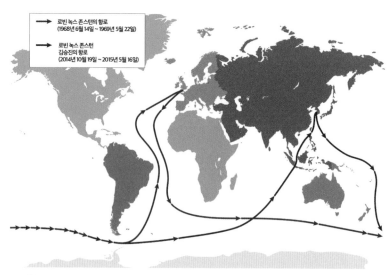

로빈 녹스 존스턴의 항로

이 모든 두려움과 위험을 견디며 세계일주를 한다는 것은 들르는 항구가 있거나, 동행이 있는 것과는 차원이 다르다. 물론 어느 곳에 들르면서 둘이 하는 세계일주가 가치가 없다는 뜻은 아니다. 그의 루트는 영국을 출발하여 아프리카 서해안을 따라 내려가 아프리카 남쪽에서 인도양으로 방향을 바꾸었다. 인도를 거쳐 동남아시아 남쪽을 지나고, 호주와 남극 사이의 태평양을 건넌 다음, 남아메리카 남단을 거쳐 북상하여 다시 영국의 팰머스 항구로 돌아왔다.

3. 고상돈(1948~1979): 산 사나이 산에 잠들다

고상돈은 한국인 최초로 지구에서 가장 높은 곳, 에베레스트를 등정한 모험가였다. 1948년 제주도에서 태어나 충청북도 청주에서 자라고 활동했다. 청주대학교에 다니던 시절, 산악회를 스스로 조직하여 한국의 험준한 산의 암벽을 오르는 전문적인 등반 훈련을 하였으며, 1974년부터 에베레스트 등정 훈련대에 참가하여, 1975년에 에베레스트 정찰대로 파견되어 현지에

에베레스트 정상의 고상돈

서 훈련을 하였고, 드디어 1977년에 정규대원으로 선발되었다. 1970년대는 한국이 경제적으로 낙후된 시절이었기 때문에 에베레스트 등정에는 많은 어려움이 있었다. 고가의 전문장비 구입이나 교통비, 체류비, 네팔 정부의 허가비용 등이 만만치 않았다. 비용뿐만이 아니라 정치적으로는 해외여행을 하려면 정부의 허가를 받아야 했다.

에베레스트 등정은 유럽이나 일본 등 부유한 나라의 산악인들만이 할 수 있는 모험이었다. 에베레스트를 최초로 등정한 사람은 영국원정대의 일원이자 뉴질랜드 사람인 에드먼드 힐러리(1919~2008)와 셀파 텐징 노르가이(1914~1986)였다.

뒤이어 수많은 유럽, 미국, 일본 등반가들이 올랐으나, 가난한 한국인에겐 그림의 떡과 같은 희망사항이었다. 일본의 경우만 하더라도 마음만 먹으면 네팔이나 알프스 등지에 가서 유사한 산악훈련을 할 수 있었으나 한국의 산악인들은 그럴 비용이 없었다. 해외로 나가는 정부의 허가 자체가 까다로웠다. 그러나 고상돈은 불굴의 용기로 1971년에 네

에베레스트 산, 그리고 에드먼드 힐러리와 셸파 텐징 노르가이

팔정부에 등정신청서를 제출하였고, 1977년에 등정허가서를 받을 수 있었다. 드디어 1977년 9월 15일 낮 12시 50분, 그는 지구의 정상에 섰다. 그는 이렇게 말했다. "더 이상 오를 곳이 없습니다." 그 감격을 어찌 말로 다할 수 있겠는가. 한국은 세계에서 8번째로 에베레스트를 오른 나라가 되었다. 그 당시 고상돈의 에베레스트 등정은 김포공항에서 서울 시내까지 카퍼레이드를 할 정도로 경사였다. 그를 모르는 한국인은 없었다. 이제 정상에 올랐으니 더 오를 곳이 없을 것 같지만 그의 모험정신은 끝이 없었다. 고상돈은 1979년 알래스카의 매킨리 산을 오르고 하산하다가 1,000미터 아래의 암벽으로 추락한다. 그의 나이 32세였다.

• 셀파(sherpa)는 정확히 무슨 뜻일까?

보통 에베레스트 등정의 기사에는 셀파가 동행했다고 나온다. 얼핏 셀파는 짐꾼, 즉 직업을 지칭하는 것으로 오해되고 있다. 그러나 셀파는 소수민족의 이름이다. 그들은 히말라야 남부에 사는 티베트인 계열의 강인한 민족이며, 고산지대에 살기 때문에 폐활량이 엄청나 쉽게 지치지 않는다. 외모로 보면 가슴이 두껍고 떡 벌어져 있다. 또 단순 짐꾼이 아니라 에베레스트의 특성을 잘 아는 안내인이며, 위험으로부터의 보호자이기도 하다. 그들 없이 에베레스트 등정은 불가능했다.

• 에베레스트의 병목현상 - 이제 아무도 놀라고 흥분하지 않는다

지금은 에베레스트를 등정하는 것은 뉴스거리가 안 된다. 이미 안전한 루트가 개발되어 있으며, 어느 계절, 어느 시간에 올라가야 가장 수월하다는 데이터가 있다.

에베레스트를 가득 채운 텐트

거기에 고도로 현대화된 장비와 셀파의 도움을 받는다. 과장하여 말한다면, 산악회에서도 시도하는 등정이다. 오르는 사람과 내려오는 사람이 겹치는 구간에서는 신호등에 걸린 자동차들처럼 서로 기다렸다가 오르내려야 하는 것이 현실이다.

인류는 점점 편한 것을 찾게 되었다. 교통수단이 마음만 먹으면 어느 곳이든 데려다 주니 진정한 탐험은 쓸데없는 고생으로 폄하된다. 시간 낭비이거나 가난한 자가 겪는 고생쯤으로 생각되었다. 그러나 인간에겐 본능적으로 탐험을 욕망하는 유전자가 있다. 그렇다면 그 버릴 수 없는 호기심을 어떻게 해소할 것인가?

그 호기심은 영화나 텔레비전이 충족시켜주기 시작했다

이제 인류는 힘들게 걷지 않아도 탐험을 할 수 있다. 침대에서 과자를 먹으면서 정글을 탐험하고, 친구와 손을 잡고 《반지의 제왕》이 선물하는 탐험을 즐긴다. 꼭 우주선을 타지 않아도 우주에 갈 수 있다. 지구의 수호자가 되어 외계인과 싸우는데 기꺼이 동참한다. 최소한 두 시간은 진정한 탐험을 한다. 그리고 일상으로 돌아와 돈을 벌고, 공부를 하고, 더 편히 살기 위해 노력한다. 《타잔》, 《인디아나 존스》, 《반지의 제왕》, 《스타워즈》, 《공각기동대》, 《귀멸의 칼날》, 《매트릭스》 등의 영화는 현실을 다룬 영화보다 백배 천배 인기가 높다. 이 영화들은 인류의 본능적 꿈을 고대로부터 현대까지 보여준다. 그러나 그것도 시들해진다. 이제 사람들은 영화는 단지 '판타지'라고 말한다.

그래서 텔레비전의 프로그램은 점점 더 진짜처럼 만들어진다

오지탐험 프로그램은 연예인을 데리고 가서 '진짜' 탐험을 하는 것처럼 찍는다. 우리는 그것이 어느 정도는 '설정'이라는 사실을 알고 있지만, 적당히 재미있게 즐기면서 시청한다. 카메라 바깥에서 일어나는 일에 대해서는 크게 관심을 갖지 않는다. 우리는 모험을 대리체험으로라도 해야 하기 때문이다. 그것이 100% '리얼'이라고 생각하는 것도 100% '설정'이라고 생각하는 것은 어리석은 일이 될 것이다. 이제 그것도 시큰둥하다.

이제 당신을 초청하여 체험자로 만든다

우리는 프로그램에 나가서 아프리카의 삶을 체험할 수 있다. 어린이들의 고통스런 배고픔을 직접 겪어본다. 한 끼를 굶고 그 돈을 기부한다. 당신은 마치 아프리카에 다녀온 것처럼 느낀다. 그러나 시간이 지나면 이것도 큰 의미를 갖지는 못한다. 그리고 한편으로는 그것이 뭔가 기만적 체험이라는 느낌을 갖는다.

이제 미지의 세계를 가지 않고, 그곳의 인류를 직접 부른다

이제 호기심은 이곳에 온 이방인이 채워준다. 그들이 어떤 특이한 것을 먹는지, 어떤 노래를 부르는지, 어떤 상황에서 화를 내고 어떤 상황에서 웃는지, 우리는 그 나라에 가지 않고도 그 나라의 서민 가정에 있는 것처럼 느낀다. 우리는 그들의 실생활을 다 체험했기 때문에 꽤에 가서는 호텔과 해변에서 휴식을 취하고, 파리에 가서는 에펠탑에서 사진을 찍으면 된다. 여행은 사라지고 관광만이 남는다. 편안하게 여행을 마치고 그뿐, 뭔가 특별한 것은 없다. 여전히 탐험의 욕구는 남는다. 탐험은 인간의 본능이기 때문이다.

마지막으로 가상의 세계로 탐험을 떠난다. 사이버세계는 가짜가 아니야!

인류의 탐험은 영화나 텔레비전을 통한 대리모험에서 한 발 더 나아간다. 각자는 탐험의 주인공이 된다. 그 옛날 인류가 그랬던 것처럼, 스스로 미지의 세계를 탐험한다. 그러나 공간이 바뀌었다. 초원을 걷는 대신 인터넷 속을 걷는다. 그곳은 사이버세계라고 비난받기도 하지만, 그건 잘 모르고 하는 소리다. 그곳은 엄연한 생활의 공간이다. 현실에서 보다 더 다채로운 일이 벌어지고, 현실보다 더 생생한 사건이 생긴다. 그곳에서 우리는 현실에서는 감히 상상도 할 수 없었던 경험을 한다. 가고 싶은 위험한 곳을 가고, 만나고 싶었던 신기한 사람을 만난다. 몸을 움직이지 않아도 된다. 이제 고행을 하면서 에베레스트의 정상을 오르거나, 아프리카의 오지를 탐험하고, 남극을 여행하고 오는 사람은 이상한 사람이거나, 유별난 성격의 소유자로 취급된다. 회사에 취직하거나, 공무원이 되거나, 선생님이나 의사 변호사가 되는 것이 인생의 최고가치가 되었고, 인간의 본능적 꿈은 사이버세계에서 보충하는 시대가 되었다. 그곳은 한계가 없을 정도로 팽창하며 영향력을 발휘하고, 우리를 완전히 지배하게 되어 사이버세계와 현실세계의 관계는 역전이 되었다. 지금, 우리가 사는 주 무대는 사이버세계이고 가끔 그곳에서 나와 현실이라는 곳을 방문한다. 모든 친구는 인스타그램이나 유튜브, 각종 메신저 속에 있고, 학교는 할 수 없이 가야만 하는 낯선 곳이다. 그곳에서 낯선 사람들이 서로를 모른 채 시간을 보내고 각자의 학원으로 돌아간다.

• 이런 말 알아? 사이버세계는 현실보다 더 현실 같은 세계이다!

이미 1980년대에 프랑스의 어느 유명한 철학자는 이런 말을 했어. 가상이 현실보다 더 리얼하다. 인간은 그런 세상에 살 것이라고. 처음에는 무슨 뚱딴지같은 소리로 들렸지. 그러나 그의 말은 무섭게 들어맞았어. 이것을 잘 생각해 봐. 한 친구가 사고로 죽었어. 이전 같으면 우리는 현실에서 그 친구의 죽음을 슬퍼했잖아. 친구들이 함께 모여 눈물을 흘리고…….

그러나 지금은 그렇지 않아. 사이버세계에서 슬퍼하고 추모하는 글을 남기지. 그리고 현실에서는 아무 일 없었다는 듯이 살아. 그 슬픔의 감정을 현실에까지 갖고 오면 뭔가 분위기 망치는 사람이 되고, 어색하잖아? 이 말이 정확하게 맞지 않아? 어쨌든 우리는 친구로서의 도리는 다 하고 사는 거야. 그곳이 현실이든 가상이든 말이야.

탐험의 막다른 길, 우리는 어떻게 해야 하나.

불행하게도, 이제 탐험은 먼 우주로 가거나 에베레스트 산을 오르는 것처럼 아주 특별한 것으로 취급된다. 그것마저도 올림픽의 메달을 따는 것처럼 특이한 경쟁이 되어버렸다. 누가 먼저 다른 행성에 가는가, 누가 더 멀리 다녀오는가, 누가 더 오래 머무는가, 서로 최초라는 타이틀을 갖기 위해 싸운다. 이제 사람들은 우주에서 무엇을 발견했다고 해도 경탄하지 않는다. 그것은 바쁜 내 삶과는 무관하다. 에베레스트에 오르는 것도 그 자체로는 식상해졌다. 이제 누가 최단시간에 오르는가, 누가 산소통 없이 오르는가, 누가 동료 없이 혼자 오르는가, 누가 가장 많은 횟수를 오르는가, 이런 경쟁이 되어버렸다. 이제 에베레스트를 등정했다는 것은 화제가 되지 않는다. 인류를 흥분시키는 탐험의 소식은 없다. 그러나 인간은 태어날 때부터 모험정신을 품은 모태탐험가이다. 우리는 자연과 호흡하고, 때로는 싸워야하는 운명을 타고 태어났다. 문명이 발달하면서 자연은 완전히 정복되었다. 더 이상 정복할 곳이 없다. 그럼 인간 본연의 자연을 향한 호기심은 어떻게 회복할 수 있을까? 다니는 학교나 회사를 그만 두고 모두 외딴 섬에 가서 살아야 할까? 불가능한 일이며, 그렇게 할 필요도 없다. 이제 우리가 찾는 자연은 야생의 자연이 아니라, 길들여진 자연이 된다. 밀림 속에 혼자 던져지는 위험한 자연이 아니라, 도시락을 먹으며 유유히 걸어가는 안전한 자연이 된다.

자연으로 돌아가라! 그러나 위험한 것이 없는 자연으로! : 올레길 탐험

바로 이런 것이다. 인간은 자연을 그리워한다. 자연은 인간이 살았던 고향과 같은 곳이다. 그래서 어딘가에 남아 있는 안전한 자연이라도 찾

10년 전, 유치원에 다니는 민호는 엄마 아빠와 함께 제주도에 놀러간 기억이 있다. 민호는 아장 아장 오솔길을 걸었다. 유채꽃 밭이 주변에 펼쳐 있었다. 하얀 나비가 날고 있었다. 까만 화산암도 보였다. 멀리 푸른 바다가 출렁거린다. 조금 더 걸으니 숲이 나왔다. 큰 나무가 빽빽하게 우거져 있었다. 나무 사이로 바람이 불어와 시원했다. 길은 흙과 자갈이 섞여 있었다. 걷기 어려운 곳에서는 아빠가 손을 잡아 주었다. 그 길은 아파트나 유치원 근처에서는 볼 수 없었다. 아주 먼 곳에 있는 자연 속으로 여행을 다녀온 행복한 느낌이었다. 숙소로 돌아온 민호는 곤하게 잠이 들었다. 10년 후, 민호는 고등학생이 되었다. 그 길이 생각났다. 여름방학이 되어 가족과 함께 제주도에 간 민호는 다시 그 길을 찾았다. 그러나 민호가 걸었던 그 올레길은 없었다. 유채꽃 밭이 있던 자리에는 호텔이 생겼다. 큰 바위가 있던 자리에는 식당이 있었으며, 숲 속에는 예쁜 카페가 있었다. 사람들이 너무 많아서 시끄러웠다. 바람 소리는 소음에 파묻혔다. 사람들은 사진을 찍어 SNS에 올리기 바빴다. 길을 걷는 것이 목적이 아니라, 내가 여기에 왔다는 사실을 증명하는데 열중하고 있었다. 아파트의 공원이나 한강변과 별로 다를 바가 없었다. 경사진 곳에는 난간과 계단이 만들어져, 10년 전의 흙은 밟아 볼 수도 없었다. 민호는 크게 실망하지 않았지만 뭔가 아쉽다는 생각이 들었다.

아, 위험한 자연을 대리만족한다. 그러나 좋다는 소문이 돌면 그곳에 사람들이 몰린다. 사람들이 몰리면 누군가 돈을 벌 궁리를 한다. 호텔, 카페, 식당, 계단과 난간이 생기면 탐험은 더 쉽게 이루어진다. 결국 도시의 한 구석, 한강 고수부지 공원과 유사한 형태로 바뀐다. 그곳은 더

제주 올레길

이상 매력적인 곳이 아니다. 그러면 사람들은 다른 곳을 찾는다. 이번에는 울릉도에 올레길이 생길 것이다. 그러나 이미 울릉도에 비행장이 건설된다는 소식이 들린다. 울릉도의 해변을 따라 팬션과 카페, 레스토랑이 들어차는 것은 금방이다. 10년 내에 제주도의 올레길과 같은 전철을 밟는다. 그 다음엔 어디로 갈 것인가? 인간의 호기심은 주체할 수 없고, 영원히 이런 모순적인 상황을 반복한다. 우리가 문명 속에서 살고 있는 한.

응답하라 1997!: 달동네 탐험

우리의 호기심은 자연으로만 향하지 않는다. 시간 탐험의 욕구가 있다. 시간 탐험의 욕구는 루시(lucy)를 발견한 고고학자들만 가지고 있지 않다. 평범한 사람들도 지난 시간을 궁금해 한다. 어떻게 지난 시간 속으로 갈 수 있을까? 타임머신이 있다면 수월하겠지만, 그것은 만화 속에서나 가능한 일이다. 지금 할 수 있는 것은 남아 있는 흔적 속으로

가보는 도리밖에 없다. 아버지와 어머니가 자랐던 곳으로! 그런 곳이 더러 남아 있다. 두 사람이 간신히 지나칠 수 있는 좁은 골목과 한 가족이 살았다고 믿기 어려운 작은 벽돌집이 다닥다닥 붙어있는 달동네가 그렇다. 신기하기도 하고 정답다. 그러나 정작 그곳에서 살기는 싫다. 구경만 하고 오는 것이 좋다. 이 또한 올레길 탐험의 느낌과 다르지 않다. 안전한 시간 탐험을 원하는 것이지, 진짜 그 시간 속으로 들어가지는 않는다.《응답하라 1997》같은 드라마가 재미있는 것은 텔레비전으로 보는 것이기 때문이다. 어쨌든 좋은 의미의 시간 탐험은 탐험이다. 그러나 여기에도 덫이 있다. 그곳이 유명세를 타면 작은 김밥집이 파스타 레스토랑으로 바뀐다. 정겨운 담이 무너지고 마당은 커피하우스가 된다. 더 이상 이전의 '달동네'가 아니다. 더 비극적인 것은 거주하는 사람들이 시끄러워서 이사를 가고, 달동네는 유령동네가 된다. 드라마의 세트장이 된다. 인간의 호기심은 이렇듯 좋게 출발하지만 나쁜 결과를 낳는다.

잃어버린 조상의 시간을 찾아서 : 한옥마을 탐험

   때로 우리는 더 오래된 시간 속으로 들어가고 싶어 한다. 이런 의문
을 가질 수 있다. 지나간 시간이 무엇이기에 굳이 가보고 싶어 하는 것
일까? 그것은 문명과 관련이 있다. 현대의 문명은 분명히 우리 삶을 편
하게 만든다. 그러나 문명으로 채워지지 않는 것이 있다. 우리는 한편
으론 불안하다. 그래서 자연과 더 가까운 시간에 대한 향수를 갖는다.
한옥 마을에 들어서면 조선시대에 있는 것 같은 착각이 든다. 잠시나마
위안이 된다. 생각해보자. 에펠탑도 아니고 경복궁도 아닌 볼품없는 작
은 마을에 뭐 구경할 것이 있다고 굳이 돈과 시간을 써서 간단 말인가.
한옥 마을에 딱히 구경할 것은 없다. 지난 시간의 분위기를 느끼고 싶
어 간다. 마음을 평화롭게 만든다. 관광이 아니라 시간의 여행이다. 그
러나 여기에도 문제가 발생한다. 사람들이 많이 몰리면 한옥 마을에 중
국집이 생긴다. 한옥은 교묘히 유럽식 카페로 바뀐다. 시멘트로 만든

벽에 돌무늬를 그려서 돌담처럼 보이게 만든다. 자세히 보지 않아도 알 수 있다. 그곳은 어느새 시끌벅적한 관광지가 되어버린다. 시간탐험이라는 본래의 취지는 사라진다. 이런 현상은 어쩔 수 없는 일인가. 이제 주변에 탐험할 곳이 없다. 들어가면 야생의 기운을 느낄 수 있었던 습지에는 친절하게도 수백 미터의 다리를 만들어준다. 인간은 점점 행복해지는 것 같지만 불행해진다. 왜냐하면, 인간은 원래 탐험 없이는 살 수 없는 존재이기 때문이다.

내 마음이 끌리는 곳으로 : 배낭여행

패키지 단체여행과 혼자 떠나는 배낭여행은 어떻게 다른가? 둘 다 여행인 것 같지만 하늘과 땅만큼의 질적인 차이가 있다. 패키지여행은 관광이다. 나는 아무것도 신경 쓸 필요가 없다. 거기에 모험심이나 탐험심 같은 것은 티끌만큼도 없다. 누구나 다 아는 유명한 곳을 구경하고, 사진을 찍어 거기에 다녀왔다는 것을 증명하고, 가이드가 데려가는 레스토랑에서 그 나라의 대표 음식을 먹고, 정해진 숙소에 와서 잠을 잔다. 그것이 나쁘다는 의미는 아니다. 휴식을 위해 필요하다. 그러나 배낭여행은 작은 탐험이다. 대략의

계획은 가지고 있으나 무슨 일이 발생할지 모른다. 여행은 난관을 만나 틀어질 수도 있다. 숙소를 못 구해 헤맬 수도 있고, 길을 잘못 들어 무거운 배낭을 메고 오랫동안 걸을 수도 있다. 예측하기 힘든 것, 그러나 그것이 매력이다. 사는 것과 유사하다. 대략의 인생목표는 지니고 있으나, 내일 무슨 일이 벌어질지는 모르지 않는가? 그렇게 하루하루를 작은 모험으로 채우는 것이 인생이다. 뜻하지 않게 아름다운 풍경을 만나 잠시 쉴 수 있고, 모르는 사람과 친구가 될 수도 있다. 또 현지인의 친절에 인간미를 느끼고, 어떤 경우에는 황당한 사기를 당할 수도 있다. 좋은 경험은 잘 품고 안 좋은 일은 빨리 잊는 것도 삶의 지혜를 터득하는 방법이다. 그렇게 하여 먼 남아메리카의 페루에서 잉카 문명의 신비로운 꽃, 마추픽추에 올랐다고 생각해보라. 일상으로부터의 해방감, 미래에 대한 자신감이 샘솟는다. 루시라는 최초의 인간과 390만 년의 시간의 차이가 있을 뿐, 걸어서 간 것이 아니라 비행기와 버스를 잠시 탄 것일 뿐, 인간으로서 느끼는 탐험의 희열은 비슷하지 않을까?

• 어디서 들어본 말! 젠트리피케이션(gentrification)

젠트리피케이션(gentrification)은 신사를 의미
하는 'gentle man', 혹은 신사적이라는 의미의
'gentry'에서 파생된 단어이다. 어느 낙후된 지
역이 (신사들이) 살기 좋은 곳으로 환경이 개선
되면서, 역으로 원래 살던 가난한 사람들이 쫓
겨나는 현상을 일컫는다. 1964년 영국의 사회
학자 루스 글렌스가 런던의 뒷골목이 중산층의
주거지로 변하는 모습을 관찰하며 발표한 개념
으로, 현대에 와서는 특정한 시대의 모습을 간
직하고 있는 곳이 예쁘게 치장되면서 탐방객이
몰리고, 임대료가 오르면서 살던 사람들이 떠
나가고, 결국 그 시대의 모습이 사라지는 역현
상을 일컫는다.

맺는 말

- 기나긴 탐험을 마치며 -

그럼 미래의 탐험은 과연 무엇일까?

이렇게 탐험의 역사는 지구상에 인류가 출현하면서부터 시작되었다. 그리고 우리가 인간으로 사는 한 어떤 형태로든 탐험은 지속된다. 인간의 호기심은 동물의 그것과는 다르게 아주 유별나다. 먹을 것이 풍족해도 지적인 호기심은 끝이 없다. 살펴본 대로, 탐험은 아주 순수하지도 아주 잔인하지도 않다. 그리고 무조건 특이해야 탐험인 것도 아니지만 그렇다고 지루한 일상생활이 탐험은 아니다. 이제 지구에서 인류의 발이 닿지 않은 곳은 없다. 거의 모든 곳은 누구나 쉽게 갈 수 있는 관광지가 되었다. 사이버세계의 탐험도 더 이상 우리의 호기심을 충족시키지 못한다. 차선으로 선택한 안전한 자연과 지난 시간으로의 탐험도 우리의 발길에 의해 파괴되는 역효과를 불러온다. 그럼 아무것도 할 수 없는 것일까? 인류는 편하게 사는 대신에, 본성을 잃고 로봇이 되거나 멸종하는 것인가. 또는 머리통만 크고 몸이 허약한 동물로 전락하여 다른 외계생물체의 지배를 받게 될 것인가. 그러나 그렇게 되지는 않는다. 인간의 호기심은 끝이 없다. 우주에 정착지가 생기고, 해저에 투명한 튜브를 놓고 그곳을 걸어 다닌다. 불가능한 것들이 가능하게 된 것이 탐험의 역사가 아닌가.

• 민호의 후손의 후손의…… 편지

안녕, 친구들아. 새해에 아빠의 직장을 따라 달에 있는 아파트로 이사를 가게 되었어. 가기 싫지만 학교를 옮겨야 할 것 같아. 가까우니까 방학 때 놀러 올게. 너희들도 시간이 되면 놀러 와. 1969년 암스트롱이라는 탐험가가 달에 착륙하고 말하기를, '공기도 없고 물도 없는 사막이라 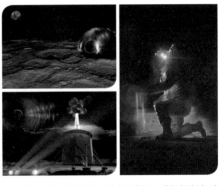 사람이 절대로 살 수 없는 곳'이라고 했다는데, 어떻게 그런 무식하고 원시적인 사고를 할 수 있었을까?

이미지 출처

23 게티이미지뱅크코리아, 24 위키백과, 25 위키백과, 26 게티이미지뱅크코리아, 27 게티이미지뱅크코리아, 28 게티이미지뱅크코리아, 29 게티이미지뱅크코리아, 반구대암각화유적보존연구소, 30 게티이미지뱅크코리아, 32 게티이미지뱅크코리아, 33 써네스트, 37 게티이미지뱅크코리아, 써네스트, 38 위키백과, 39 써네스트, 40 써네스트, 41 써네스트, 43 써네스트, 50 써네스트, 55 써네스트, 57 게티이미지뱅크코리아, 58 써네스트, 59 써네스트, 61 게티이미지뱅크코리아, 62 게티이미지뱅크코리아, 64 써네스트, 67 써네스트, 69 위키백과, 70 위키백과, 써네스트, 71 게티이미지뱅크코리아, 74 써네스트, 77 써네스트, 84 써네스트, 85 써네스트, 86 게티이미지뱅크코리아, 90 써네스트, 91 게티이미지뱅크코리아, 92 써네스트, 93 게티이미지뱅크코리아, 95 써네스트, 97 게티이미지뱅크코리아, 98 써네스트, 99 게티이미지뱅크코리아, 써네스트, 100 게티이미지뱅크코리아, 101 써네스트, 게티이미지뱅크코리아, 103 써네스트, 107 써네스트, 111 위키백과, 114 써네스트, 116 위키백과 , 117 써네스트, 120 써네스트, 122 블로그, 127 위키백과, 131 써네스트, 132 국립해양문화재연구소, 135 써네스트, 138 위키백과, 144 써네스트, 148 게티이미지뱅크코리아, 149 써네스트, 151 게티이미지뱅크코리아, 152 써네스트, 154 위키백과, 157 게티이미지뱅크코리아, 158 게티이미지뱅크코리아, 159 게티이미지뱅크코리아, 160 써네스트, 161 게티이미지뱅크코리아, 163 써네스트, 164 게티이미지뱅크코리아, 165 게티이미지뱅크코리아, 166 써네스트, 167 써네스트, 168 게티이미지뱅크코리아, 169 게티이미지뱅크코리아, 170 써네스트, 173 게티이미지뱅크코리아, 위키백과, 181 게티이미지뱅크코리아, 182 얀덱스, 183 얀덱스, 184 얀덱스, 185 얀덱스, 186 얀덱스, 187 NASA, 188 NASA, 189 NASA, 190 NASA, 191 NASA, 193 위키백과, 201 게티이미지뱅크코리아, 202 게티이미지뱅크코리아, 203 게티이미지뱅크코리아, 204 위키백과, 206 써네스트, 207 고상돈기념사업회, 208 게티이미지뱅크코리아, 216 게티이미지뱅크코리아, 217 게티이미지뱅크코리아, 218 게티이미지뱅크코리아, 219 게티이미지뱅크코리아, 220 게티이미지뱅크코리아, 221 게티이미지뱅크코리아